Das Buch

Dieses Buch ist eine Lebensgeschichte von innen heraus, ein autobiografisches Psychogramm. Es erzählt und analysiert Lebensereignisse und reale Begebenheiten auf emotionaler Ebene. Durch die Brille der Seele schaut der Leser auf die Ereignisse, die der Protagonist über einen sehr langen Zeitraum erlebt, erleidet und dennoch auch geliebt hat. Es sind wahre Geschehnisse und Gefühle, denn der Erzählende ist der Betroffene. Das Erzählte will Mut machen und zeigen, dass es eine Geschichte ist, die sich stetig in Teilen oder beinahe als Ganzes in vielen Seelen und Biografien wiederholt. So werden diese Worte vielleicht zu einem leisen Raunen und Seufzen Vieler, die sich in diesen Worten wiederfinden oder zu einem interessierten und Verständnis aufbringenden Horchen auf die Geschichte eines lieben Mitmenschen.

Der Autor

Raphael Hülsermann, geboren 1970 in Duisburg, verbrachte seine Kindheit und Jugend in Oberhausen im Rheinland. Seine katholische Erziehung und sein religiöses Interesse führten ihn zum Studium der Theologie an die Ruhr Universität in Bochum. Nach dem Diplomabschluss in Theologie widmete er sich der diagnostischen Psychologie, motiviert durch die Suche nach dem Verständnis der menschlichen Handlungsschemata und ihrer lebenslänglichen Einflüsse auf die menschliche Psyche. Nach dem Erwerb des Diplomabschlusses in Psychologie praktizierte er als Trainer für Personal- und Projektleiter in privatwirtschaftlichen Unternehmen und als Initiator und Moderator bundesweiter, staatlich geförderter, Assessment-Center. Seit 2009 ist er tätig in der Markt-, Meinungs- und Sozialforschung, zunächst in Bochum. Nun seit 2017 in Hannover als Projektleiter in den Belangen qualitativer und quantitativer Projekte und als Leiter eines Sensoriklabors.

Raphael Hülsermann

Cardiolyrik
Meine Herzzeilen

Prosaische Lyrik

Verlag: BoD · Books on Demand GmbH, Überseering 33,
22297 Hamburg, bod@bod.de
Druck: Libri Plureos GmbH, Friedensallee 273,
22763 Hamburg
ISBN: 978-3-7693-0565-4

Für meine beste Freundin.
Für mein unglaubliches Weib.
Für dich, Lo.

Das hier ist sicherlich kein Buch. Für mich fühlte es sich in all der Zeit an wie ein Dauer-EKG. Es sind Zeilen aus fernen Zeiten, Ideen von gestern, Gefühle und Dämonen aus dem Leben eines Träumers und Kindes, das stets meine Hand hält, damit ich niemals jemand anders werde. Wir sind dennoch beieinandergeblieben, haben uns arrangiert mit den Veränderungen und den Wandlungen. Wir haben uns beraten und wir haben uns besprochen. So veränderten sich Sichtweisen und Verständnisse, oder auch nicht. Kompromisse und manchmal auch nur die in der Tasche geballte Faust haben aber auch zu Veränderungen geführt. Daher sind das hier auch Worte dieser Tage und gegenwärtige Hyänen. Das Kind hielt im Laufe der Zeit, der Jahre, dem Zuwachs der ausströmenden Worte, immer weniger die Hand, je mehr es daran zerrte, nicht verloren zu gehen. Wie dankbar ich daher bin, dass es gemeinsam mit mir vor dem Spiegel immer noch da ist.

Ich habe sehr oft mein Herz befragt, belastet und begeistert. Womit wir wieder beim Dauer-EKG wären, wenn sich diese Ströme nur messen lassen könnten. Habe meine Zweifel. Und ich habe eine Menge gelernt. Ich weiß nun, dass das Universum viele Wege kennt, dem einzelnen Menschen Dankbarkeit und Demut zu lehren. Und dass du niemals scheißen darfst, wo du isst. Dass ein Gang zum Grab nicht immer nur Trauer sein muss. Und dass man nicht immer bekommt, was man sich ersehnt. Auch sexuell. Nicht beschnitten kann ich sagen, dass lange Sehnsüchte frustrierend enden können, wenn sie sich körperlich unattraktiv offenbaren.

Und wenn du es ertragen kannst, dann liest du immer weiter. Vielleicht aus Neugier. Vielleicht aber auch, weil du etwas hier und dort aus deinem Leben erkennen kannst. Etwas, das immer schon da war und heute immer noch dein Kompagnon ist. Oder etwas, das du nicht willst, das sich aber immer wieder hereinschleicht in dein Herz, dein Hirn, deine Eingeweide oder dein Bett in der Nacht. Etwas, das manchmal sogar deine Träume frisst und an dem du dann morgen stetig leidest. Oder, etwas, das deine Geilheit fördert.

Vielleicht sind wir schon sehr lang verbunden. Oder bleiben es immerzu. Und ich sehe dich durch ein Fenster im Garten, wie du liest. Wie du diese Zeilen siehst.

Ich hatte immer nur mein Vokabular. Semper. Ein kleines Album. Dennoch meist immer mehr als so manch anderer. Und wie man liest, habe ich stets die Dinge hinterfragt. Na ja, Anfangs. Mich hat interessiert, warum Menschen ignorant sind. Warum die Dinge nicht so laufen, wie ich sie sehe. Warum es so schwierig ist, die Welt aus meinen Augen zu betrachten und das Schöne und Gute zu sehen. Politik, gesellschaftliche Konventionen, Religion. All das half mir dauerhaft nicht weiter. Die Menschen waren zu … individuell und zu unberechenbar. Daher entschied ich mich für Toleranz. Zunächst widerwärtig und nur zögernd annähernd. Aber siehe da: meine Gedanken und Bedenken wurden tolerabler und weniger zeitaufwendig. Natürlich mochte ich immer noch nicht diese Versager, diese Menschen, die etwas vorschoben, obwohl sie nichts hatten, dass sie vorschieben konnten. Diese Taugenichtse, die nichts taten, versuchten und immer noch glaubten, dass meiner eins sie bis zum Lebensende durchfüttern würde. Vielleicht hätte sich diesbezüglich meine Meinung auch einmal geändert, wenn einer dieser an meiner Tür geschellt und sich bei mir bedankt hätte. Oder mir erklärt hätte, warum purer Egoismus immer noch geiler ist, als sich für eine egoistische Sache einzubringen.

Immerzu konnte ich lernen, wie sehr ich mich verlassen kann auf das, was ich bin, denke und leiste. Mit mir selbst habe ich mich immer wohl gefühlt und ich war mir selbst stetig bester Gastgeber. Ehrlich geteilt habe ich immer nur meine Großzügigkeit und gegeben, wenn ich sah, dass es nötig war. Meinen Glauben, meine Denkweise und vielerlei Sicht auf die Dinge und die Welt zu teilen, halte ich bis heute für unnötig und verschenkt. Vor allem, weil es ohnehin schwieriger wird, seiner Seele und seinem Herzen treu zu bleiben in einer sich verzehrenden, all-toleranten, perspektivlosen und verfeindeten Welt. Unter Neidern, blassen Idioten, oberflächlichen, ADHS Entschuldigungen getränkten Touretten und gesellschaftsunfähigem, desinteressiertem Pöbel. Der geneigte Leser wird erkennen, dass ich meine Inseln fand, mit all dem umzugehen und zu entfliehen ohne im Laufe der Zeit völlig den Verstand zu verlieren. Ich nenne das auch gerne meine charmante Eigenart. Meine sympathische Soziophobie. Der Antrieb hat mir nie gefehlt. Die Hände waren sich nie zu schade und die Auffassung sehr verlässlich. Liebe, lebe, laufe. Das ist der Motor, der mich seit jeher durch mein Leben schiebt. Mal schnurrt er leise, mal ist er unerträglich laut. Aber bis heute hat er mich vorangebracht. Ein gutes Kind aus mir gemacht.

Was ich von meinen Träumen nicht behaupten kann. Ich kann mich oft an sie erinnern. Auch viel später noch. Stets sind sie voller Scharlatanen, Wechselbälgern und lächerlichen, aber leider furchteinflößenden Zombiemären. Sie jagen mich, erschrecken mich und sind immer zur falschen Zeit am richtigen Traumort. Es geht ihnen nie um meinen Leib oder um mein Leben. Das spüre ich immerzu. Es ist viel schlimmer. Sie wollen meine wundervollen Gedanken besetzen und besitzen. Sie wollen meinen Atem zum Vorteil und als Balsam. Wie ein Äffchen, das dir auf die Schultern springt. Ich habe sehr große Angst.
Leider kann ich nicht von Romantik, abartigen Stellungen, Sehnsüchten oder nächtlichen Verarbeitungspraktiken posttraumatischer Kindheitserinnerungen berichten. Das muss ich den Speichelleckern und Effekthaschenden überlassen. Wenn ich besessen bin, dann kämpfe ich nachts um mich selbst. Aber es hat sich zu einem Teil meines Selbst entwickelt. Ich werde immer wieder wach. Um mich schon auf das nächste Mal zu freuen. Die Ausschläge auf den folgenden Seiten dieses EKGs deuten davon.

Meine Worte, gesagt oder gedacht, waren immer mein Handwerkszeug. Sie verhalfen mir, zu bekommen, was notwendig war. Manchmal auch nur lecker oder zusätzlich. Ich wusste immer, mich auszudrücken und zu zeigen, wo es mit mir langgeht. Ich erkannte, dass Worte Macht bedeuten. Macht, die man manchmal benötigt und Macht, die man manchmal nicht verdient hat. Daher war ich nie des Menschen Wolf. Trat mir jemand so gegenüber, so half manchmal das knallharte Wort und manchmal auch mein spitzfindiger Intellekt. Natürlich gab es auch die Unverbesserlichen.
So viel haben wir verlernt, die Dinge zu denken, bevor wir sie sagen. Oder so viel verlernt oder nicht mit auf den Weg bekommen, überhaupt das Vokabular zu besitzen. Diskurs und Dialog sind zu Bezeichnungen weit entfernter Planeten geworden und dadurch Verständnis und Toleranz zum seltenen Sonntagsbraten. Wer schreit, glaubt, sich eher Gehör zu verschaffen, auch wenn er dabei nur Dementes stammelt. Das Volk der Dichter und Denker treibt sich lieber auf der Straße herum und skandiert vorgefertigte Wahrheiten und predigt unreflektierte virale Weisheiten. Laut und viel scheint

mehr als Recht, Würde und Frieden. Lautes Stammeln hat treffende Worte verdrängt.
Aber nicht für mich.

Nun sieh hin. Was ich produziert hab. Das ist mein Innerstes und das, was ich Leben nenne. Keine gradlinige Spur. Nur ein winziger Aspekt. Ich bin gar nicht so klein wie die Schöpfung mich gedacht. Ordentlich aufgemischt, teilweise unbequem, stets im Dialog und mit jeder Faser gegen alle Ignoranten.
Nun hör hin. Was ich gerufen hab. Immer am Rand. Oder etwas hinüber. Nun ist meine Angst von Gestern Gegenwart. Erinnere dich an mich und laufe los.
Nun vergib mir, wenn ich dich erschrecke. Bitte bleib an meiner Seite. Lies. Weiter. Denn ich benötige einen neuen Geist. Ich benötige einen neuen Geist nach dem Tod.

Immer noch halte ich dieses kleine Kind, meinen Freund, meine wahre Seele, an der Hand. Und es führte diesen Stift. Von Anfang an. Und bis zum Ende. Zusammen haben wir jede Zeile geschrieben. Jedes einzelne Wort. Wenn ich hörte, diktierte es. Wenn ich schlief, wachte es. Wenn ich taumelte, hielt es mich. Wenn ich traurig war, verbarg es mich.
Niemals mehr hatte ich einen besseren Freund. Ein ehrlicheres Gesicht. Das mich bat, den Stift nun wieder aufzunehmen. Immer wieder. Immer wieder zu.

Ich hoffe, ihr liebt dieses Kind.

Der aufmerksame Leser wird verstehen

Gina

Hey, Gina floats the river
Gina drank it out
Human beings are thirsty
Cause Gina wasn´t allowed.

Hey, Gina fights apartheid
Gina marries
Human beings are angry
Cause Ginas carries.

Hey, Gina be my buddy
Gina be my girl
Take me out the brothel
And make me be an earl.

Gina ist die Personifizierung der guten Freundin, die jeder von uns gerne selbst wäre. Sie lebt die Dinge, die wir uns lediglich zu denken wagen. Konventionen, Hemmungen und gesellschaftliche Barrieren verbieten, dass wir unsere Vorstellungen und Träume realisieren und tagtäglich ausleben können. Gina ist in unserem Kopf als Korrelat dieser verqueren Außenwahrnehmungen fest verankert, damit sie die Dinge tun kann, die wir nicht schaffen oder wagen. Sie bildet das Ventil, das die surreale Luft aus der aufgeblähten Realität entweichen lässt. Dabei verstößt sie gegen bestehende, Jahrhunderte alte Regeln, weicht Grenzen auf oder steckt einfach neue Ziele. Indem sie uns aufzeigt, was möglich wäre, sorgt sie dafür, dass wir uns nicht verändern. Sie ist stets der Konjunktiv, der stellvertretend für uns alltägliche Situationen meistert und Dinge tut, die wir uns nicht trauen. So können wir weiterhin so sein, wie wir sind.

Sicherlich mag dies die richtige Denkweise eines noch nicht ausgewachsenen, vielleicht präpubertären Menschen sein, aber ein erwachsenes Individuum wird daran zerbrechen. Fiktionen nachzujagen, die stets drei Schritte im Voraus sind und gleichzeitig die Distanz nicht verringern zu können, muss eher früher als später zum Wahn führen. Dann wird es ein ewiges Ankämpfen gegen Windmühlen werden. Was ja noch ehrenhaft sein könnte. Dieses Kämpfen ohne Waffen und irgendeinen Schutz sollte allerdings tödlich enden.

Verstecken sich hinter Ginas Wünschen und Sehnsüchten allerdings naive Utopien, vielleicht kindliche Wünsche, so ist ihr Nichterreichen ein gesellschaftlicher Segen. Denn sind ihre Ziele absurd und entstammen lediglich einer kindlichen Neurose, begründet beispielsweise im Verbot der Eltern, so spiegeln sie nur wider, was das Kind gerne wäre oder hätte. Auf dieser Subebene wären somit Wünsche erfüllt und Triebe befriedigt, die in der Realität falsch oder unerfüllbar blieben. Versteht der Mensch auch zu diesem Zeitpunkt nicht das Solche, so manifestiert es sich dennoch als Lernprozess für immer und bietet später eine neue Grundlage für den Umgang mit solchen Situationen. Aus dem Unverständnis erwächst eine Chance.

Das Verwachsen mit einer solchen Gina löst wie selbstverständlich den Konflikt. Wenn das Mädchen verschmilzt mit seinem Liebhaber und es wird durch diesen dadurch überhöht, dann kann sie stellvertretend für ihn weiterhin die Dinge tun, die er nicht vermag. Sie wird es für beide gleichermaßen tun. Sie wird es tun, er wird es wünschen.

Und so half mir Gina tatsächlich über die vielen Unverständnisse meiner Kindheit und Jugend hinweg, ohne dass ich Schaden nehmen sollte. Heute verstehe ich ihr Dasein und wünsche sie mir nicht zurück.

War Gina nicht wirklich die beste Freundin, die ich haben konnte?

Ich weiß warum es nachts so dunkel ist

Weißt du warum es nachts so dunkel ist?
Weil irgendwo irgendjemand irgendwen vermisst!
Weil jemand ständig an wen denkt
sein Glück aber in eine andre Richtung lenkt.

Weißt du warum es nachts so dunkel ist?
Weil irgendwo irgendjemand irgendwen vergisst!
Weil niemand mehr an andre denkt
und nur sich selbst Beachtung schenkt.

Ich weiß warum es nachts so dunkel ist!
Weil jemand sein Unglück in sich frisst,
sich von niemandem helfen lässt
und sich nur an eigene Träume presst.

Ich weiß warum es nachts so dunkel ist!
Weil niemand sich mit andern misst,
weil jeder denkt er wär allein
obwohl Freundschaft bedeutet reich zu sein.

Doch ich weiß genau, ich kenne zwei,
bei denen brennt auch nachts ein Licht.
Ich weiß, die zwei sind nie allein,
drum kann es da nachts nicht dunkel sein.

Das Dunkel ist stets Faszination und Angst zugleich. Die Faszination geht aus von dem im Dunkeln möglichen: von Fabelwesen, verbotenen Dingen und Lichtern, die in der Ferne leuchten. Die Angst ist begründet in negativen Erfahrungen, Missverständnissen und Anomalien. Haben beide Sichtweisen und emotionalen Ausbildungen auch ihre legitimen Begründungen zum feindschaftlichen Dasein, so suchen sie dennoch untereinander die Freundschaft. Zunächst mag es klingen wie der Pakt des Teufels. Doch dann wird es zu Yin und Yang, zu Schwarz und Weiß. Dann ist das Dunkel die Chance des Gleichgewichts. Es lässt uns nach links blicken, aber nach rechts gehen, nach rechts denken, aber nach links sprechen. Und die Summe dieser Wandlungen führt am Ende in die Mitte des Tuns, in eine Ausgewogenheit des Daseins. Das Pendel schwingt stets unaufhaltsam von rechts nach links, von links nach rechts, aber wir fixieren die Mitte, um den Ausschwung nicht mitgehen zu müssen. Oder wir sind heute am Pendel links, morgen am Pendel rechts, mit der Sehnsucht nach der Mitte. So steuern wir es, heute von rechts nach links, morgen von links nach rechts. Und am Ende der Woche ist das Pendel im Stillstand, unser Mut und die Emotionen auch. Wir haben die Waage wieder erreicht. Wir sind wieder schwarz und weiß, Yin und Yang.

Das ist die Realität. Überhöht wird diese nur durch die Liebenden. Sie durchbrechen den Wahnsinn dieser Welt, überhöhen das tägliche Streben und Tun und lassen alle Ungerechtigkeiten dieser Erde wie einen nur kurz schlecht gelaunten Clown wirken.

Dabei sind sie sich nahe, vergehen in sich selbst und dem liebenden Gegenüber und verzehren einander. Sie sehen aber nicht, dass die reale Welt sich lediglich in ihren Herzen, nicht einmal: in ihren Augen, verändert. Jene hingegen produziert weiterhin ihre Pest und trägt sie bis in die entferntesten Winkel aller Länder. Sie wacht heute Morgen genauso pervers auf, wie sie gestern Abend zu Bett gegangen ist. Und morgen wird sie nicht anders sein.

Das stört unsere Liebenden nicht. Sie sind bereits an einem stillen Ort inmitten dieses Wahns und haben eine Kerze entzündet. Diese wärmt sie und die knisternde Luft um sie herum. Das Flackern tanzt in Schatten auf der Wand und der Schein hüllt sie in ein Licht, das sie wabern lässt. Sie sind die wahre Liebe und das wahre Leben, Wärme und Gefühl. In dieser Welt sind sie die wahren Engel.

Und von draußen schaut vielleicht irgendwann einmal ein Anderer durchs Fenster. Er wird dann zwei Liebende sehen, die aneinander lehnen und lächeln. Die Kerze wird dann schon ganz klein sein, aber sie brennt immer noch.

déjă vú

Ich glaub ich war schon einmal hier
ich weiß aber nicht mehr wann, wanns war.
Ich glaub ich kenne das Gefühl
ich weiß aber nicht mehr wie, wies war.
Streckt mir ruhig die Zungen raus,
Genossen meiner Zeit.
Mir fällts schon alles wieder ein
denn mein Freund, der nennt sich Ewigkeit.

Ich glaub ich hab schon mal gelacht
ich weiß aber nicht mehr warum, warums war.
Ich glaub ich war schon zig mal tot
Ich weiß aber nicht mehr wieoft, wieofts war.
Ich zermarter mir nicht mein Gehirn,
auch wenn Forschung es verlangt.
Ich seh nicht ein wieso, weshalb –
ihr habt den Sinn noch nicht erkannt.

Mein Ratschlag an euch alle ist:
Vergesst einmal was schon mal war,
ich selber hab es ausprobiert,
gerade jetzt in diesem Augenblick.
So lass mich, déjă vú, allein,
ich hab dich ausgetrickst.
Dein Bann ist keinen Heller wert,
ich schau nicht mehr zurück.
Es ist ein neuer Weg, weit weg, den man begeht –
So weiß ich schon jetzt nicht mehr, was oben in der ersten Zeile
steht.

Erinnerungen sind von uns bewusst oder unbewusst aufgezeichnete Momente aus der Vergangenheit. Sie sorgen dafür, dass wir uns in der Zukunft an ihnen noch einmal erfreuen oder uns maßlos ärgern. Sie sind Relikte aus der Vergangenheit, wir transportieren sie in unserer Gegenwart und sie beeinflussen unsere Zukunft. Von daher sind sie notwendig. Verlieren wir uns gerne in Gedanken in den Erinnerungen an unsere schönen Erlebnisse und Begebenheiten der Vergangenheit, so können uns negative oder gar traumatische Überbleibsel aus dieser für all unser weiteres Tun hemmen. Im letzten Fall werden wir sicherlich keine Notwendigkeit in ihnen sehen. Allerdings können wir weder ihr Dasein, noch ihr, oft punktuelles Auftauchen, bewusst steuern. Auch haben wir keinen Einfluss auf die Qualität oder den Inhalt unserer Erinnerungen. Das widerstrebt dem Sinn und Zweck gegenwärtiger Gesellschafts- und Lebenskultur. So planen und berechnen wir alle Dinge im Voraus, schätzen Risiken ab und rückversichern uns für Fälle und Lebenssituationen, die nicht in unsrer Hand liegen oder als „höhere Gewalt" zu bezeichnen sind. Tritt dann eine solche, nicht greifbare Erinnerung in unser Leben, die dafür sorgt, dass unser Leben eine nicht kalkulierbare Wende nimmt, können wir das nicht fassen. Wir bemerken plötzlich, dass es Dinge gibt, die sich uns entziehen. Von nun an sind wir in jeder Minute des Tages damit beschäftigt, diese Dissonanz auflösen zu wollen. Sie beherrscht nun unser Leben und all unser Tun. Und je mehr wir denken und versuchen die Situation in den Griff zu bekommen, desto mehr entzieht sie sich uns. Was uns ebenfalls schmerzlich bewusst wird. Und wir arbeiten dann noch härter daran. Und so weiter, und so weiter.

Schon lange ist dieses Denken zum Wahnsinn geworden. Wir versuchen, uns ferne Länder bildlich vorzustellen, in denen wir in unserem ganzen Leben noch nie waren oder jemals sein werden. Wir versuchen, uns auf Gegner vorzubereiten, die noch nie ein Mensch gesehen hat, geschweige denn, gegen sie angetreten wäre.

Vielleicht gibt es aber den Menschen, irgendwo, der sich dieser Dinge bewusst ist. Den Menschen, der mit seiner Vergangenheit wirklich lebt. Der sein Ich integriert hat in sein Tun, um es heute und hier zu nutzen für seinen Arbeitseinsatz in die Zukunft.

Dieser Mensch lebt sein selbst bestimmtes Leben und wundert sich über den Rest der Menschheit. Wundert sich über die, die schnell laufen, um den Schatten zu entfliehen.

Mit voller Einsicht ist er derjenige, der die Dinge so belässt, wie sie sind. Aber auch er ist derjenige, der so viel bewegt, wie kein anderer.

Hymne auf den Tod

Stell dir vor, ein Weg, geradeaus,
schnurstracks Richtung Ewigkeit,
gleichend einem Wattenmeer,
zerfurcht von Wasser und Gewalt.
Und dreht sich der Besessene um,
scheint der Weg nicht da zu sein.
Reitend auf dem Wolkenschiff
erwacht er aus dem Traum.
Singend eine Hymne auf den Tod,
prasseln die Granaten nieder,
gleich einer blutgen Regenfront,
kann nicht einmal mein Herz entfliehn.
Und wenn die Bomben hagelnd fallen
und ein Schrapnell noch stöhnend stirbt,
ich werde den Schweif des Sternes fangen
mit Hilfe meines letzten Atemzugs.

Die Hoffnung stirbt zuletzt. Das ist wahr. Sie stirbt aber trotzdem. Auch das ist wahr. Wie bitter ist diese Wahrheit?

Mit der Geburt, oder vielleicht auch schon davor, machen wir uns auf den Weg durch unser Leben. Wir gehen diese lange, lange Zeit immer geradeaus, Tag für Tag. Uns begegnen gute Zeiten, schlechte Zeiten, jene Menschen und solche Menschen, Glück und Verzweiflung, Aktivität und Starre, Sommer und Winter, Frühling und Herbst.

Dann, eines Tages sind wir gezwungen, unserem Ende ins Auge zu blicken und zu akzeptieren, was nun kommt.

Allerdings sind wir dann noch in vollem Lauf. Sofort, wenn wir uns der Situation bewusst werden, blicken wir zurück. Wir suchen nach einem Strohhalm, einem Weidenzweig, an dem wir uns festklammern können, damit alles so bleibt, wie es schon immer doch war. Wir suchen, indem wir über die Schulter blicken, nach dem Weg, den wir bis heute gegangen sind. Aber wir sehen nicht einen einzigen Fußabdruck, den wir hinterlassen haben. Es ist, wie das Wachwerden am frühen Morgen, und feststellen zu müssen, dass wir in der vergangenen Nacht einen Traum hatten, und nicht wirklich in Paris waren. Uns wird bewusst, das Etwas hat uns bis gerade vieles Denken lassen, aber wir selber haben in Wirklichkeit in dieser Zeit gar nichts getan. Wir sind scheinbar eine Marionette an Fäden, die nach Belieben ein Anderes führt. Spielfiguren auf einem Monitor, ferngesteuert und nach Gutdünken mal hier und mal dort platziert.

Mir ist, was mir ist, zu real. Und zu wichtig. Von zu viel Bedeutung. Ich gebe mich nicht aus der Hand. In meinem Rücken vermute ich nicht meine Spuren, sondern sehe Wegweiser, die ich selbst gemalt. Ich kann mich auf die Steine, die ich gestern am Wegesrand zurückgelassen habe, verlassen. Sie liegen heute noch dort. Ich kenne die Menschen beim Namen, denen ich die Hand gedrückt habe. Auch sie erinnern sich noch morgen an meine Ideen. Viele Steine, die ich ins Rollen gebracht und ins Wasser geworfen habe, laufen gerade an mir vorbei. Selbstverständlich kann ich sie nicht mehr sehen, wenn ich über die Schulter blicke. Und geradeaus ist auch noch keiner von ihnen angekommen. So sind sie nicht mehr hinter mir, noch nicht vor mir, aber so was von immer noch da. Aus den Augenwinkeln, meine ich sie zu erblicken und ihr Dröhnen erfüllt mein Ohr.

Wie sicher ich weiß, dass ich Spuren in dieser Welt hinterlassen habe, so gewiss kann ich sein, dass diese für eine Hoffnung auf mein Tun und Fortbestehen in der Zukunft verantwortlich sein werden.

Das ist meine Hoffnung, die niemals stirbt.

Immer wenn ich mein Fenster öffne

Immer wenn ich mein Fenster öffne
denke ich:
Wär ich heute doch ein Baum,
aus anderen Augen in die Zukunft schaun,
verhöhnend jedes Menschentun,
nur hierzustehn und auszuruhn!

Immer wenn ich mein Fenster öffne
denke ich:
Wär ich heute doch das Gras,
jedem Menschen erzählt ich was,
jedem der vorübergeht,
oder kurz nur bei mir steht!

Immer wenn ich mein Fenster öffne
wünsch ich mir:
Wär ich heute doch bei dir.
Und plötzlich wär ich Gras und Baum
Könnt ich dir in die Augen schaun!

Durch ein Fenster, ist immer viel mehr zu sehen als durch ein Fernglas. Und durch ein Geöffnetes erst recht.

Wir blicken an einem schönen, sonnigen Sommertag, aus unserem weit geöffneten Fenster tief in die Welt hinaus. Dort sehen wir die wirklich schönen Dinge dieses Lebens: Andere Menschen, vor allem die Kinder. Gewaltige Architektur, von uns geschaffen. Die Tiere, die bei uns sind. Unsere Familie, im Garten. Und die uns geschenkte Natur, unser Lebensraum.

Während wir hier stehen und aus dem Fenster schauen, machen uns diese Dinge klar, wie relativ unser Leben in unseren vier Wänden eigentlich ist. Bei geschlossenem Fenster ist alles, was hier drinnen passiert so unermesslich wichtig. Und so absolut und unverrückbar. Wir leben unseren Subkosmos abgeschottet von den großen Zusammenhängen des Seins. Wir können uns nicht denken, geschweige denn wünschen, dass wir lediglich der kleinste Teil einer riesigen Inszenierung sind.

Wie gesagt, bis dann der Sommer kommt und wir wieder die Fenster öffnen. Wollen wir dies auch hastig tun, um uns unserem weiteren Geschäft zu widmen, so halten wir dennoch in jedem Lebensjahr immer wieder inne. Ich glaube, wir könnten uns die Augen zuhalten oder verbinden, vielleicht sogar blind sein, wir würden den Blick dennoch stets zu diesem Zeitpunkt nicht abwenden können. Es ist uns der Wunsch, hinauszusehen, implementiert.

So erblicken wir die Dinge, die wir nicht selbst gemacht, deren Schönheit wir niemals erreichen und die, die scheinbar seit immer für immer sind. Wir sehen die Natur, vor unserer Tür, vor allem den Baum und das Gras, und denken uns dieses Bild, vervollständigt durch Felder, Wiesen und Wälder. Wir lieben diesen Anblick und alle anderen Menschen lieben ihn auch. Daher werden wir zu Neidern dieser Schönheit und wünschen uns selbst einen Status, der diesem Anblick gleicht.

Dafür würden wir alles tun. Wir würden sogar unseren Geist und unseren Willen verkaufen und leere Versprechungen machen, könnten wir nur ein wenig so sein, wie diese Natur. Würde man uns doch auch so loben und voll Neid betrachten. Würde man doch auch zu uns hin immer wieder ein Fenster öffnen und ehrfürchtig hinausschauen.

Wenn ich mein Fenster öffne, um diese Dinge zu sehen, sehe ich deine Augen. Sie blicken auf mich als Gras und Baum. Hier bin ich wie du. Ich kann erkennen, dass du an deinem Fenster stehst und ebenfalls hinausblickst. Dein Ausblick zeigt dir, was meiner mir zeigt.

Die Fenster, die wir öffnen, sind unsere Schritte in diese Welt. Sie führen uns auf die Lichtung der Schönheit und zeigen uns den Sinn unseres Seins.

Darum rücke ich täglich einen Stuhl an das geöffnete Fenster, setze mich hinein und schaue zu dir hinüber. Stets sitzt auch du dort.

Nur eine Laune

Der Clown betritt die Residenz
der Vorhang schließet sich
er zerrt an seiner Maske
und offenbart dann sein Gesicht.

Wo eben noch die Augen
zwei schwarze Höhlen ruhn
sie zeigen seine Seele
verlorenes Heldentum.

Sein Schädel sind zwei Hälften
gespalten durch sein Leid
zerschlagen von der Liebsten
verlorener Liebeseid.

Der Mund, der hängt in Fetzen
kein Wort tritt mehr zu Tag
so sprach er mit dem Leben
das nur den Reichtum mag.

Sein Geist und seine Anmut
zerrissen voller Kraft
sein Publikum, das heulte
hat dieses all geschafft.

Doch die Bühne war sein Leben
und die Maske sein Gesicht
er traf schon mal daneben
dann schrieb er ein Gedicht.

Und doch, so warn die Worte,
das Leben ist ein Zwang
und glaubst dus nicht so höre,
die Worte leis und bang:

Die Liebe ist ein Käfig
das Laster sein Gericht
wenn zusammen beide treten
zerfällt die dein Gesicht!

So nimm in deine Hände
den Brief und brich ihn auf
und lies laut jede Zeile
mit Blut steht wild darauf:

Hier spricht zu dir dein Engel
der Geist und Wahrheit hat
ich sende dir mein Feuer
der Clown beging Verrat.

Ich trat ihm in die Seite
er wusste schon warum
mein Blick ihn dann durchbohrte
von da an war er stumm.

Und du, du Leser höre!
Glaub niemals einem Clown.
Du musst ihm vorher – schwöre –
tief in die Augen schaun.

Launen sind menschliche Regungen, emotionale Resultate, punktuelle Appetenzen, Ergebnisse langjähriger oder kurzfristiger, unerfüllter, meist unbewusster, Bedürfnisse oder Ziele. So wie das tägliche Publikum, in der Regel, um diese weiß, so erst recht der Akteur. So sind die Ersten meist erbost oder verständnislos über diese empfundene Willkür, der Letztere verärgert über diese Unkontrolle. Die Einen aber gehen nach Hause und vergessen diesen Schauspieler ganz schnell. Der Andere sitzt die ganze Nacht hinter der Bühne und ist vergrämt und weint vielleicht. Er ist der Einzige, der weiß, dass er sich seinem Publikum tatsächlich geopfert hat. Er war zwar ehrlich, aber er war auch getrieben, so zu tun, wie er es nicht wollte. So verstarb in den Zeiten seiner Bühnenpräsenz seine wahre Emotion. Jetzt, danach, bricht er zusammen.

Sein Körper, Kopf, Mund und Geist, verstummen. Sie schweigen, so zeigen sie ihm die Differenz auf, den Unterschied zwischen dem wahren Leben, dem Ist und dem nach Außen Funktionieren, dem Soll. Er gibt sein Herzblut für die Menschen und verblutet dabei. Er offenbart sein Inneres und gibt es unwiderruflich verloren. Seine Vergangenheit, sein Herz und sein Geist sind Initiatoren gegenwärtiger Euphorie. Aber sie sind gleichzeitig für immer zerstört.

Als Mahnung schreibt er ein Testament. Er berichtet über genau diese falsche Neigung, als Liebe missverstanden. Er schreibt einen Brief, in dem er diese Dissonanz zwischen der Welt, die er aufgrund seiner Leistungen, dominiert und der, die er emotional nicht vermitteln kann, anprangert.

Er will sich mitteilen, da er in dieser Welt, die ihm so missfallen hat, Fuß gefasst hat. Er hat die Liebe verraten. Das sogar in einer ganz persönlichen Beziehung. Er hat sie gelebt, wie alle, so wie er es nicht wollte. Dabei hat er für immer sein Gesicht verloren, er hat sich verkauft.

Jetzt bereut er all dieses Tun. Deshalb schreibt er einen Brief. Er ist diktiert von seinen Gedanken. Gerichtet an seine Liebste. Stellvertretend an sie – für diese ganze Welt.

Er schreibt ihr als ein Engel. In der Hoffnung, dass sie ihn versteht: Er ist unsterblich in sie verliebt, aber die Welt, die ihn umgibt, hasst er. Er hat sie bereits vernichtet, bereits, als der Vorhang sich senkte. Jetzt ist er geschlossen, für immer. Er schickt ihr einen Kuss, von oben. Er hofft, dass sie ihn versteht.

Dann richtet er einen Wunsch an die wahren Seelen dieser Welt: Er will, dass sie sich dem Tun dieses Seins stellen, dass sie dabei sind, wenn es darauf ankommt. Aber auch: Dass sie die Verschwiegenen als Mahnung hören und ihr Leben an Eventualitäten ausloten.

Der Offenbarer bedarf immer eines kritischen Blicks. Er ist entweder die Lösung eines gegenwärtigen Engpasses oder der Beginn eines großen Traums. Wenn du dem Clown tief in die Augen schaust, kannst du entdecken, ob er es ernst meint, oder ob es nur eine Laune ist, dass er jetzt lustig ist.

Du und dein Harlekin

Zwei Augen, in eisig sternenklarer Nacht,
haben mich um den Verstand gebracht;
es schien zu sein – was es auch war –
ich fühle es, es ist noch da!

Du glaubst es nicht? Es war ganz leicht!
Es war, was bis zum Herzen reicht,
es war so neu – was es auch war –
mein Traum war voll davon, fürwahr!

Regenbogen, Sommersonne,
Gedanken taumeln rund im Kreis.
Blitze, Donner, Wolkenwonne,
doch plötzlich brach entzwei das Eis.

Fallend, tief ins Labyrinth,
krachend auf den Boden schmettern.
Zerrissen alle Netze sind,
mit letzter Kraft dein Namen wettern.

Da lag ich nun ich dummer Tor,
Harlekin im schwarz Talar.
Der Teufel haucht mir in mein Ohr:
Hab ich dich du Unglücksnarr!

Er wollte grad die Sense heben,
da fuhr ein Blitz herab.
Ich floh durch tausend Engelsleben,
doch dann – dann riss die Rolle ab.

Zwei Augen – als ich zu mir kam
den Harlekin schloß in den Arm
die Hand empor gen Sterne reich
du nahmst sie an ganz sanft und weich.

25

Vorbei sind schwarze Zeit und Stunden
ich habe dich zurückgefunden!

Und wenn ich heut versunken schau,
mein Hirn holt dann die Zeit zurück.
Das eine sag ich dir genau:
Neu droht zu brechen mein Genick!

Drum weck mich auf und rüttel mich
und sag mir schnell: ich liebe dich.
Vorbei ist dann die Zauberei,
dein Harlekin ist endlich frei!

Script for a Jester´s Tear ist seit ich musische Empfindungen habe einer meiner absoluten Lieblingssongs. Ich suhle mich seit mehr als drei Jahrzehnten in seiner Darstellung der glasklaren Tragikomödie menschlichen Liebens. Der Harlekin ist die großartigste Figur der Romantik, Poesie und des Humors und zugleich der Engel, der am tiefsten fiel, bis auf die Erde.

Da begegnet er uns, den wir als lustig und stets gut gelaunt erwarten. Er erfüllt auf der Bühne jeden Tag ehrlich seine verdammte Pflicht. Er ist die Belustigung des Volkes und der Prügelknabe der Gutgestellten. Und das alles ist für ihn kein Job, sondern ehrliches Tun. Er sinkt jeden Abend glücklich ins Kissen und freut sich bereits auf den neuen Tag. Er ist das Kind mit reinem Herzen und unverblümter Elternliebe.

So ist er stets der Gast und Freund der Andern. Sein Herz ist offen für diese Welt. Er verweht die Wolken, bringt Sonne in die Slums. Er liegt im Beet der Kiesel als geschliffener Diamant.

Wenn er seine Vorstellung beendet, ist der erwartete Applaus sein Lohn. Dann gehen die Menschen ihres Weges, der Abend war schön. Sie kleben vielleicht die Bilder in ein Album und schauen in Jahren noch einmal hinein. Das wissend sinkt er friedlich zu Bett und schläft ein ...

... trifft ihn im Herzen ein Pfeil!

Da steht sie noch immer und applaudiert, lange nachdem alle bereits gegangen waren. Sie küsst ihm sein Herz und bringt ein Feuer in seinen Traum. Sie tanzen im Regen und lieben den Sommer. Sie ist für ihn da, so wie er für die anderen da war. Er wird geliebt und liebt, wird geliebt und liebt, wird geliebt und liebt ...

... auf die Bühne!

Seiner Bestimmung gemäß hängt aufwachend er an Fäden und wird zurückgeführt auf die Bühne des Lebens, um sein Tagwerk zu verrichten. Er wird getanzt und entfernt von seiner Liebsten, die von der Menge unterbewusst aus dem Saal gedrängt wird. Er schreit ihr den Liebesschwur nach, aber da beharrt bereits der Mopp auf sein Eintrittsgeld und drängt ihn, stößt ihn, tritt ihn auf die Bühne und hebt die Fäuste ...

... liegt er in ihren Armen und ist im Jetzt so präsent wie nie. Die Sterne und Universen, die ihn und sie sehen, werden niemals mehr näher an der Vollkommenheit teilhaben als heute.

Geht er seinen Weg weiter, was er gerne will, so ist sie für immer bei ihm, beschützend und mahnend: Geh ruhig, oder lauf, ich fang dich auf!

Being down-counted

come here and see
the bird in the tree
little boy of forty

you´ve killed your wife
with a tomato-knife
big boy of five

hey, you became jesus, jesus in a guy
(exist in hen-houses)
herald of a hiccough summer storm

mechanic worrier of an announcement-day
(antelope apostle)
pin your own man on a cross

come here and see me
fight me anaemia
come here and kill me
and make me be historia
(forever once more)

Ausgezählt wird der Boxer im Ring. Dann auch nur, wenn er am
Boden liegt oder lag und der Gegner zu übermächtig ist und Gefahr
für Leib und Leben besteht. Da wacht ein Mensch über den Boxer und
über den Gegner, über die, die offensichtlich im Ungleichgewicht sind.
Er stoppt das Spiel.

Aber: hier boxt er und boxt und boxt, im finstern, in sein innerstes
hinein, immer wieder, tag für tag, das viele, viele jahre, bis das blut
ihm in den augen steht und seinen blick verdunkelt, keine regung mehr

zum hirn gelangt, nur noch zur faust, verschleiert, vom ersten tag an, als er klein war, bis hinein in die schwärzesten ecken seines heutigen lebens, denkens, tuns. So: er ist wie gestern, vorgestern und immer, und blieb auch so.

Auf den dreihundert Metern Abfahrt von der Autobahn ist so einiges passiert. Schauen wir in den Rückspiegel, sehen wir dort auf mindestens zweihundert Metern Blut. Und anderes. Nicht nur auf dem Asphalt.

Ich bin: das ergebnis meiner eltern, meiner geschwister, meiner freunde, meiner umwelt, meiner bewussten welt, meiner unterbewussten welt, meines inneren im allgemeinen, meines äußeren darüber hinaus im besonderen.

Fragen: ich bin was? was bin ich? wer bin ich?

Dann sind da noch Glaube und Kreuz: ich bin auch so, wie er, der da hängt, ein junge, im hühnerstall, ein herr über den klitzekleinen sommersturm, in meinem kopf, in den adern, den augen, dem blut, der mechanisch arbeitende krieger, der den käfig sieht, um seine entstehung weiß, die vergangenheit und den angekündigten tag, ein apostel, der seinen eigenen herrn an das kreuz genagelt hat, der sieht und gesehen werden will, der gegen all das kämpft, was er war, ist und sein wird um ein phantom zu werden in den zukünftigen aeonen dieser welt.

Ich fresse das fleisch und trinke das blut der verwesenden generation dieser gattung, den eiter der generationen überschwenglicher obsession, nähre mich aus den klaffenden wunden und gebrochenen knochen dieser menschen, dem ewigen ejakulat, das sich gewollt ergießt in die untiefen elektrozyklischer dissonanz.

ich – ich trete die knochen, töte und töte, sauge blut von der erde, fresse fleisch von einem rumpf, hier, stecke meinen gierigen schlund in die klaffende wunde am hals und beiße die gedärme aus dem leib.

Der Speer aber, der Neider, trifft mich in den Hals. Ich werde zum Mythos, zur Historie, noch einmal: Für immer, und noch einmal. Für immer, und noch einmal!

Kicking Crack

Mental feelings fly in higher spheres
cannot recognize
all the days passing by
kicking earth trivial high.

Spatting typhoid drops in crystal sand
laughing in an poetical way
to ignore reality
and the blood dies in symmetry.

Understand
that never such a dream comes true
and all that dies
is the heart and the nature of you.

Ein überheblicher Tritt kann das Ende von allem sein! Ein Leben
fernab physischer und psychischer Wurzeln entzweit den Menschen.
Er ist nicht länger, was er ist und er wird niemals, was er sein soll.
Handelt er so, nimmt er sein Leben nicht in die Hand, sondern gibt es
mutwillig aus dieser heraus.

Ein Mensch, der bemerkt, dass er etwas besser kann, als andere,
hält sich automatisch für einen besseren Menschen und denkt
demnach, auch, besser zu sein, als andere. Er sieht sich als
Übermenschen und agiert auch so. Dabei vergisst er, dass jeder
Mensch irgendwo, irgendwann, etwas besser kann als andere. Er
abstrahiert sich nach und nach von seiner ihn umgebenden
Gesellschaft und nimmt mental die Position eines selbst gekrönten
Roix an. Dann ist er der Mittelpunkt des Seins, die anderen sind seine

Diener. Diener, die ihm zu dienen haben, Tag und Nacht, schnell schnell. Es gilt Befriedigung zu verschaffen, schnelllebige Ziele zu erreichen, den Roix nach vorne zu bringen.

Da verstreicht Tag um Tag, er verlangt Stunde um Stunde ein Bringen und spuckt, wohl für immer, auf ein Geben, an die, die es für ihn tun.

Er ist infiziert und verbreitet die Bakterien, die Seuche, den Typhus. Dabei lacht er, er lebt sein Leben, da er nicht weiß, was er tut. Rettet euch, geht weg, weit für immer, denn er übersät euch sonst. Rennt, wenn nötig kriecht aus dem Bannkreis, sonst entlauben euch die Sporen von Ignoranz und Primitivität.

Realität verbirgt sich nun hinter dem Milchglas täglicher Rede und stündlichen Tuns. Sie wird zum verabsolutierten Handeln egozentrisch verstandenen Geistes, ohne Akzeptanz eines dual-dialogischen Gegenübers oder eines aktiven verstandenen Lebens in einer modernen Gesellschaft, der Europa so nahe ist. Wir sehen und verstehen: es ist oft religiös. Auch so motiviert?

Wenn die ganze Welt dich hasst, dann wird es sehr schwer, diese Fiktion weiter zu vertreten oder überhaupt aufrecht zu erhalten. Dann fehlen dir die Verbündeten. Dann hast du die Welt verloren, der du befehligen wolltest.

Denn: Dieser Gedanke wird niemals Wahrheit werden. Die Hülle, die dabei verloren geht, ist die Hülle dessen, der es sich wünscht. Der geworfene Kieselstein wird zurückkehren. Als Ladung Beton. Er ward gedacht für die Vielen, die Kleinen. Er trifft den Einen, den wirklich Kleinen. Schloss er ihre Zukunft aus, so ist nun seine Zukunft ausgeschlossen.

Herz und Natur sind seit vielen Jahren bereits tot. Gestorben in einer Zeit des Frohsinns seines Besitzers. In der Hochzeit seines diktatorischen Tuns. Aber da hatten sich, zum Glück und zum Schutze, bereits die Menschen von ihm abgewandt. Jetzt lebt er, irgendwie, und geht er, irgendwo, allein und verwundet, für immer, durch die Schatten seiner selbst heraufbeschworenen Vergangenheit.

In Kürze wird er eine Antwort auf eine Frage bekommen, die er niemals gestellt hat: Ja, er wird alleine und unglücklich sterben. Genau so, wie er gelebt hat.

Es wird für ihn wie ein Tritt sein!

Regentanz

Hm – mein Glück ist mehr
als alles andre auf der Welt
ich bin gefangen
oh, wie mir das gefällt!

Ein jedes deines Flüstern
ist für mich wie ein Orkan
der mich verweht
ich will dagegen gar nicht an.

Oh bitte, sag mir, wie machst du das?
Ja, immer wieder machst du was!
Doch bitte, schlag dein Zelt in mir auf
lass mich nie gehn
für immer in deinem Dienste stehn.

Ja, ohne Ende soll es sein
der Krieger zieht in deine Zelte ein!
Und zeigt dir sein weites Land.
Lass ihn nie niemals gehn
er freut sich auf ein Wiedersehn.

Der Tanz und das Gebet sind sich viel ähnlicher als man erst einmal denkt. Sind sie doch beide entweder Ausdruck des Dankes und der Freude, oder das Medium einer Bitte. Stets sind wir jedoch Gefangene dieses Tuns. Wir sind abhängig von fernen, fremden, sich entziehenden, unbewiesenen, Mächten. Wir sind lediglich verwiesen auf unverständliche, kopierte und sinnleere Riten, die uns vorkommen wie eine Nabelschnur zwischen unserer Körperhülle und einem Deus Ex Machina.

Und dennoch sind wir in Einklang, wir freuen uns und bestehen auf dieses Verhältnis. Wir wollen, dass es so ist und so bleibt, da es doch scheinbar gut ist und funktioniert. Haben wir jemals darüber nachgedacht, dass es andere Faktoren gibt, die die Welt im Gleichgewicht halten? Sehen wir sie wirklich nicht, oder blenden wir sie bewusst einfach aus?

Aber: wir sind glücklich. Sagen wir zumindest. Und so trägt uns auch die Liebe! Wir verlassen uns auch hier auf die Gunst des Andern.

Der/die Liebende fährt mit uns Achterbahn, wir erfüllen uns Lebensträume. Wir sinken im Wald, in innigster Umarmung, in das warme Moos. Wir laufen mit Gummistiefeln, an einem stürmischen Novembertag, durch den Park. Wir tun Dinge, bekommen Kinder, kaufen Häuser, fahren Autos, ziehen Mode an und sprechen, singen und tanzen jeden Tag. Das ist die Liebe, die wir leben.

Das ist unser Körper, der diese Dinge tut. Der Wille dafür ist unser Gegenüber, der Liebende und die Geliebte. Wir beten und tanzen. Der Gott oder die Göttin außerhalb uns wird diesen Dank, diese Freude, diese Bitte, gewähren.

Hoffentlich!

Denn erhalten wir keine Reaktion, keinen Hinweis, keine Richtungsweisung für unseren Fortbestand, unser Leben, unser Handeln oder unsere Ideen, so können wir nur verweilen, in der Lethargie unseres Gebetes oder Tanzes. Wir vertrösten uns, wir trösten uns. Wir tanzen noch schneller, wir beten noch intensiver. Wir sind wie im Rausch. Wir nehmen in Tanz und Gebet skurille Formen und abstrakte Figuren an. Wir warten und halten Ausschau, wir warten und halten Ausschau. Dann beten und tanzen wir wieder. Dann warten wir wieder. Dann halten wir wieder Ausschau. Wie lange noch?

Wir denken das nicht! Uns könnte niemals der Gedanke kommen, dass wir uns in die Hände falscher Götter oder niemals existierender Dämonen begeben haben. Wir denken, dass wir auf dem richtigen Weg sind. Wir baden täglich in Stutenmilch und sind deshalb für ewig rein und unsterblich. Gedanken an Versagen und Verlieren sind uns nicht gegenwärtig. Wir nehmen die Dinge nicht in die Hand, da wir bereits alles dafür getan haben, dass sich die Welt stets weiterdreht und die Dinge zum Guten gereichen werden. Wir haben es uns komfortabel gemacht, die Wohnung eingerichtet, das Zelt bezogen. Hier schlafen wir und hier sind wir wach.

Und hier beten und hier tanzen wir. Gestern, Heute und Morgen.

Shiny outlook

When the day comes
with the magical behaviour
like a childish marriage
with cookies and candies in the wind.

When the heart burns
in thousand deepest stores
on a snow covered winter road
in alleys of pride and pain.

Than I´ll still be here for you
and upon the hill I swear to you
that I´ll forever care for you
till the day I have to go from you!

Than I will loudly pray to you
that forever I dance a dance with you
and all I do, I do it for you
and earth spins round for me and you!

Let us try it, day by day
till the end knocks on our door
and remember the long long way
our way to heavens golden floor!

Glänzendes Aussehen ist, wenn es wirklich drauf ankommt, keinen Heller wert. Die Magie eines kindischen Verhaltens, einer Hochzeit mit dem Mammon des Alltags zum Gefallen an sich selbst und denen, die es wollen, kann dann nicht mehr weiterhelfen. Wird das Herz nicht mehr umweht vom süßen Duft des Seins, sondern in eine Monstergrube geworfen, schmeckt das Leben nicht mehr lecker wie der Morgentau, sondern bitter wie Blut, dann soll sich zeigen, ob die Zweisamkeit, geboren aus Zeiten seichter Muße, ihren Fortbestand haben kann.

Dort steht kämpfend dann das reine Herz und ruft in den beißenden Sturm hinaus. Es erneuert die Schwüre, die es gegeben hat in Zeiten der Wollust, abstrahiert für Tage des Donners.

Doch es meint es ernst: Schwüre werden erneuert, dabei höchste Berge dieser Emotion erklommen. Neue Sicherheit wird versprochen, der ganze Tag hindurch ist sicherlich für immer. Es wir gebetet und getanzt, archetypische präreligiöse Verhaltensweisen, die irgendwie über Jahrtausende Sicherheit gaben und hoffen ließen. Jetzt wirft dieses rechte Herz alles in die Waagschale, alles. Einen Heller, noch einen, noch einen, noch einen, einen Pfennig, noch einen, Heller, Pfennig, Pfennig, Heller. Schweiß überströmt donnert mit Wucht das Herz Heller um Heller und Pfennig um Pfennig in die Waagschale.

Und plötzlich setzt sich die Drehung der Welten fort. Die Erde dreht sich erneut, weiter, schneller, die Richtung ist unbestimmbar, sie dreht sich sinnlich-emotional. Sie wird schneller und schneller, ein Rausch der Bewegung beginnt, Schwüre, schneller, Sicherheit, schneller, Gebete, schneller, Tanz, noch schneller, schneller, schneller! Dann ein Blitz! Ohrenbetäubend laut! Goldhell! Alle Ketten, trügerische Bindungen, erlogene und ergaunerte Freundschaften, anormale Beziehungen, verlorener Selbstwert, Krieg, Folter und Hass taumeln über den Abgrund der wahnsinnig rotierenden Welt, wackeln kurz am Rande ihrer Realität, drohen zurück zu stürzen, doch dann: reißen sie sich gegenseitig in den zerreißenden, zerstückelnden und vergessen lassenden Abgrund der Myriaden schwarzer Sterne. Dort stehen sie noch kurz, irgendwie, als riesiger Ballon blutroter oszillierender Fäden, bevor der Windhauch unsterblicher Unendlichkeit sie mit einer einzigen Fingerberührung explodiert und für immer in alle Enden des Denkens zerstäubt.

Dann offenbart sich wieder der blaue Sommerhimmel, nach und nach ist jede Wolke dahin. Die Vögel sind wieder zu hören und die Sonne ist wieder zu sehen.

Jetzt kann das Versprechen auf ewig erneuert werden. Das wahre und reine Herz hat heute in Zeiten des Donners gesiegt, wie es es in Zeiten des Sommers versprochen hatte. Der König reitet auf dem weißen Ross mit der Prinzessin dahin.

Nur noch ganz kleine Tautropfen sind im Gras zu sehen, die offenbaren, dass da was war. Sie sehen glänzend aus.

Ich nehme euch den Frühling

Wenn das Meer an diesem Tag
den Damm zerreißt
wird all sein Wasser
unendlich schnell zu Blut.

Der Mensch kriecht elend gebückt
durch den schwarzen Sand
und atmet seinen faulen Tod
mit jedem Luftzug ein.

Steintürme einst von Menschenhand
markieren jetzt ein Massengrab
kein Baum wird jemals wieder grün
keine Mutter wird ihr Baby wiedersehn.

Und dann fällt aus der Sonne
ein großes Stück heraus
schmettert auf die Erde nieder
und wirft sie aus ihrer Umlaufbahn hinaus.

Im Nichts ist niemals nie der Frühling
hoffentlich sind alle tot
denn nichts ist mehr wie es jemals einmal war
und die Erde ist blutrot.

Frühlingsanfang ist, wenn der Himmel aufbricht - Es wird langsam wärmer, die Natur atmet auf und wirft nach und nach ein überflüssig gewordenes, aus der Mode gekommenes Kleid, von sich.

Was aber, wenn wir nach einem langen kalten Winter auf den erwarteten Trost des Frühlings warten und alles kommt ganz anders?

Wir haben alle Fenster geöffnet, weil es eigentlich so weit ist. Wir schauen aus den Türen, weil wir die grüne Wiese erwarten. Wir blicken auf die Bäume, weil die Blätter doch als Knospen zu sehen sein müssen. Doch plötzlich erblicken wir aus der Ferne -

einen Sturzbach blutroten Wassers, einen Tsunami abscheulicher Gewalt. Ehe wir auch nur einen Gedanken verschwenden können, an Rettung oder ein Tun, schlagen die Wellen über uns zusammen und ertränken uns sensationell schnell. Wer nicht ertrunken ist oder zerrissen wurde, kriecht verseucht, spätestens nach kurzer Zeit, über den Boden und atmet die einsetzende Fäulnis allerorts ein. Es ist eine Tragik globalen Ausmaßes, nicht beschränkt auf einen einzelnen Verstand. Grenzen konnten die Macht nicht hindern, Nationen nichts für einander tun. Szenarien im Vorfeld erdacht, waren zu langsam oder falsch. Zeit für Helden gab es nicht. Es traf jeden, klein oder groß, arm oder reich, weiß oder schwarz.

Es weht ein stinkender Hauch über umgestürzte und zermahlene Wolkentürme, die sich die Menschen einst erdacht. Nicht ein einziger Stein ist auf dem anderen geblieben, obwohl es so geplant war. Für immer ist alles zerstört und verseucht. Sollte heute noch irgendwo eine Oase sein, so ist sie bereits morgen ein Todestümpel. Das Gras wird nie mehr grün, es ist vergangen. Kein Mensch wird je mehr gesehen, er ist gegangen.

Eine ferne Macht wird wohl das Einzige sein, das sieht wie dann auch noch der Regen auf den übergetretenen Fluss fällt. Was uns einst am Leben hielt, gibt uns dann den Todesstoß. Es sorgt dafür, dass die Regeneration ausgeschlossen ist. Mit ihrem Sterben ist dann alle Hoffnung für die Erneuerung eines Seins bis Jetzt dahin. Es ist so schrecklich – hoffentlich wurde wirklich keiner ausgespart!

Verkohlt und vertreten fällt der einstige Planet in ein Nichts. Er zerschellt in der Unendlichkeit aller Weite und sinkt dort einfach kalt wie ein Stein auf den Grund …

… bis vielleicht Geschehenes sich irgend woanders wiederholt. Von seinen reinen Urprinzipien an zu einer neuen vermuteten Vollkommenheit. In allen seinen langen schweren Schritten. Mit der gleichen Zielstrebigkeit und Konsequenz. Mit eigenem und fremden Zutun. Mit Unverständnis und Logik.

Und dann wird irgendwann wieder der Zeitpunkt gekommen sein für den Tag, an dem der Himmel zum ersten mal aufbricht nach einem einzigen langen kalten Winter. Die Geschöpfe werden wieder einmal ihre Köpfe zum Himmel strecken und eine Veränderung wahrnehmen.

Das ist ein neuer erster Frühling!

Der Hund, der Adler

1

Und als der Hund die Kirche verließ war es schon dunkel.
Irrend zwischen fingerkuppengroßen Regentropfen wandte er sich in
seinen Mantel. Den Kragen schlug er hoch. Die Hände stopfte er tief
in seine Taschen.
Sein fester Schritt wirbelte das Wasser vor ihm her.
„Es sind immer die Gleichen, die kommen, weil sie glauben, hier
geschieht etwas Neues, vielleicht Wunderbares. Vielleicht sollte ich
ein paar technische Effekte installieren. Dann haben sie ihr Wunder.
Und glauben auch noch daran."

Der Weg zum Pfarrhaus war nicht beleuchtet und führte durch einen
kleinen Vorpark. „Bei dem Sauwetter trifft man so eben den Weg.
Cognac, ich komme!"
Er tapste von Gehplatte zu Gehplatte und hüpfte schließlich in den
Türvorsprung.
Hier traf ihn der dumpfe Schlag direkt am Hinterkopf.

2

„Es ist doch immer das Gleiche, da geht man schon mal und wird mit
einem Bombenwetter bestraft. Petrus mach die Schotten dicht!" Dann
pfiff er irgendetwas unbedeutendes. Zum letzten mal war Karl bei der
Beerdigung seiner Mutter in der Kirche. Vor sieben Jahren. Es hatte
auch geregnet. Karl erinnert sich genau an die Zeremonie, die nur
durch das ungeschickte Fallenlassen des Sarges kurz vom
Gewöhnlichen abschweifte. Danach warfen sie wie immer ihre
Handschuhe hinterher. Der Pastor hatte sich sogar persönlich
entschuldigt. „Diese alten Zölibatäre. Denen fehlts doch irgendwo!
Seelenheil – son Quatsch. Tot sehen doch eh alle gleich aus."

3

Nach dem Aufprall quoll sofort dickes, dunkelrotes Blut aus der klaffenden Wunde am Hinterkopf des Pfarrers. Er lag da, aufgebahrt zwischen Nelken und Farrn.

Ein kleines, dunkelrotes Rinnsal lief nach Stunden bis auf den Gehsteig. Mit gebrochener Schädeldecke ist das Atmen schwer.

4

Karl nahm die Abendzeitung in die Hand und suchte sofort gierig nach dem Sportteil. Sein Team hatte auch nicht den erwarteten Erfolg an diesem Wochenende gehabt.

„Ich glaube, ich bleibe morgen lieber im Bett. Die Sterne stehen schlecht." Dann trottete er in die Küche um seinen Köter zu füttern.

„Bestie, hau rein! Vielleicht ist morgen Krieg. Dann gibt's nichts mehr." Er nahm seinen Hund in den Arm und drückte ihm einen nassen Kuss hinters rechte Ohr. Kastan fing an zu janken und wedelte mit dem Schwanz.

„Toller Wachhund bist du! Man sollte dich einschläfern!" Mit einem gezielten Tritt beförderte er Kastan hinter die Couch, wo er leicht verstört liegen blieb.

Mit einem guten Bourbon im Arm verbrachte er den angebrochenen Abend rülpsend in seinem Sessel vor dem Fernseher.

Er würde noch früh genug wach werden.

5

Inzwischen hatte es aufgehört zu regnen. Eine solche Nacht scheint einfach bestimmt für Wolkenbrüche. Vielleicht wird bei einem solchen Sauwetter immer irgendwo irgendjemandem der Schädel eingeschlagen. Aber vielleicht war es dieses mal auch eine Ausnahme.

„Herr Inspektor, alle Fotos aufgenommen." „Ihr könnt fahren." Inspektor Trevor kaute grunzend auf seiner Zigarre. Für seine Wortkargheit und gelassene Ausstrahlung war er mehr als verabscheut. Alle im Kommissariat wunderten sich über seine Erfolge. Er hatte mehr drauf als solche Dinger mit den Einbrechern und kleinen, miesen, stinkenden Triebtätern. Seine Fälle waren solche wie dieser.

„Tatzeit, Ort, Opfer, Mordwaffe?"

„Pfarrer Lukas, geboren in Hamburg-Rhoderstadt, 42 Jahre, seit 19 Jahren Pfarrer, seit drei Jahren an dieser Pfarrei. Vermutlich vier Stunden Exitus. Doppelter Schädelbasisbruch mit partieller Knochensplitterung und Eindringen ins Hirn. Sofortiges Hirnbluten hauchte unmittelbar den Lebensatem aus. Bei der Mordwaffe muss es sich um einen Gegenstand von beträchtlichem Gewicht handeln, jedoch nicht scharfkantig. Keine Spuren, keine Kampfanzeichen, kein Motiv." „Danke." Trevor stapfte noch einmal zur Leiche. „Hat geblutet wie ne abgestochene Sau, nicht wahr Buck?" „Tja, Kevin, so will ich nicht enden." „Du endest nicht, Buck, du verreckst an der Theke oder beim Abstauben deiner Freunde im Leichenschauhaus." Buck packte seine Werkzeuge wieder sorgfältig zusammen. Zwei weiß gekleidete Männer vom ambulanten Hilfsdienst stopften den Pfarrer in einen müllsackähnlichen Beutel, schlossen den Reißverschluss und hievten den doch ziemlich toten Körper auf eine Trage.

Buck folgte ihnen bis zum Krankenwagen und trottete dann schließlich in Richtung Chevi. Mit Vollgas fuhr er Richtung Stadt, um alles Erlebte bei Konni und einer bis drei Flaschen Cognac zu vergessen.
Trevor betrachtete die blutroten Nelken. Seine Zigarre warf er schließlich verachtend hinter sich. „Es ist einfach zum Kotzen. Ohne scheinbar jedes Motiv hinterrücks gemein erschlagen. Aber warte Bürschchen, ich kriege dich. Du bist kein Adler."
Er drehte sich um und lief in die dunkle Nacht.

6

Karl war wieder einmal von der Dringlichkeit der menschlichen Flüssigkeitsabgabe geweckt worden.
Leicht schwankend warf er sich vom Sessel auf seine Beine. Der Fernseher säuselte schon lange das Schnarren der Feierabendmelodie. Die leere Bourbonflasche war unter den stummen Diener gerollt.

Karl traf es wie ein Schlag. Er fühlte seinen gesamten Alkoholspiegel in den Kopf drängen um dort die Hauptschlagader zu zerbersten. Mit offenem Mund gelang ihm kein Wort.
Kastan lag, alle Viere von sich gestreckt, in der Diele auf dem Boden. Sein Kopf mit den beiden tief in die Augenhöhlen gedrückten

Sehinstrumenten stand etwa fünf Meter weiter gleich einer ausgeleerten Bourbonflasche senkrecht auf dem Boden. Jemand hatte ihm den Kopf vom Leib gerissen.

7

Aber der Adler fliegt je nur Nachts, wenn die Mäuse laufen, um ihr Leben, eben deshalb, und das Los der Hunde trifft sie, meistens Nachts, ihr Blut quillt in den Sand, um neue Kreaturen der besseren Art hervorzubringen.

8

„Keine Anrufe, keine Streifenpolizisten, keinen Kaffee – nur Ruhe!" Trevor, unscheinbar, der hermeneutischen Philosophie vollends ausgeliefert, nach Bekanntmachung des verreckten Karlschen Köters, völlig verstört, ist eher der Mensch, der sich dann mal wieder an seiner Sekretärin auslässt.

„Es ist zum Verrecken." (So, ist es das?) „Wo ist denn der Sinn?" (Wo ist er denn, hm?) „Einem Pfarrer einfach so die Schädeldecke zu öffnen." (Tja!) „Der Köter soll mir gestohlen bleiben. Hab wichtigeres zu tun." Sollen sich doch die

dumpfen Dorfpolizisten mit diesen schwulen Tiermördern herumschlagen. Ich nicht!" (Vielleicht solltest du das besser doch tun, Trevor!)

(Denk an den Adler, Trevor!)

9

Polizeibericht –
Komissar Trevor, Kevin –
Tatzeit: 19 Uhr 45 Ortszeit –
Tatort: Büro Trevor, Kevin –
Tod durch Strangulation, Todesursache –
Versagen der aktiven und inaktiven Atmungsfähigkeit auf Grund abrupten Luftmangels der direkten Luftwege. Ableben garantiert. Exitus unmittelbar.
Frau und Kinder verständigt –
kein Motiv, keine Waffe, kein Sinn!

10

Der Fall (oder waren es gar drei?) wird schon ein Jahr später den Akten zugeführt. Scheinbare Unlogik führte zu einer nicht empirisch beweisbaren Abfolge der Taten (oder waren es gar nicht drei Taten?). Der Hinweis wäre der Hund gewesen:
der Hund als Animalisches, sinnlos, der Hund als Humanes, wehrlos, der Hund als Brutales, trostlos.

(Du hast doch den Adler vergessen, Trevor!)

Hund und Adler!? Bemühen wir uns doch, herauszufinden, was Logik ist.

Das, was wir sehen, fühlen, schmecken, riechen, also was wir mit unseren Sinnen erfassen können ist logischerweise existent, es „ist". Aber, es gibt Menschen, denen können die Sinne oftmals nicht weiterhelfen, da sie ihnen fehlen. Dennoch nehmen sie Dinge wahr, sie wissen um deren Existenz. Egal, ob wir unsere Sinne bemühen oder nicht, es ändert an der Existenz oder Nicht-Existenz der Dinge nichts. Die Sinne helfen also bei der Suche nach Logik nicht weiter.

Versuchen wir es mittels der Naturwissenschaften! Angeblich ist logisch, was einem vorher festgelegten, stets einsehbarem Muster folgt, also einem sogenannten Kausal-Nexus. Hier müssen wir nicht einmal abstrahieren, um diese Theorie ad absurdum zu führen. Es gibt logische Abfolgen, die „gehen gut", oft viele Jahre, dann plötzlich unerklärlicherweise nicht mehr. D.h.: Flugzeuge fallen einfach so vom Himmel obwohl sie bis dahin zuverlässig flogen. Oder: wir wissen in dieser Sekunde nicht mehr, was wir vor zwei Sekunden noch tun wollten. Jetzt können wir sagen, und das tun wir auch, dass diese Situationen also auch nicht logisch abfolgen, also logisch zu lösen oder zu erklären sind. Die Wissenschaft entgegnet, dass sie es sind, aber ein Fehler verborgen ist in dieser Abfolge, an irgendeiner, vielleicht nicht sichtbaren Stelle, und somit den Kausal-Nexus unterbricht. Damit hilft sie uns sehr weiter!

Wir sehen nämlich, dass diese Kausal-Nexi tatsächlich existieren, also: glauben wir der Wissenschaft. Wir sehen aber auch, dass es Fehler in ihnen gibt, die sie unterbrechen. Ich schreibe bewusst nicht: dass es sie geben kann, da es sie ja tatsächlich gibt. Das wird uns ja tagtäglich „unlogischerweise" vor Augen geführt. Demnach gibt es eine logischere Instanz, die tatsächlich existiert, die nicht auch durchbrochen werden kann. Das sind: Fehler!

Ich will nicht sagen, dass alles Sein, alle Existenz, auf Fehlern oder Irrtümern beruht oder aus ihnen besteht. Aber: dass ein Fehler auftritt, der einen Kausal-Nexus verändert, ist sicher. Wann er auftritt ist allerdings ungewiss. Das ändert aber an seiner Tatsache, also Existenz, nichts. Hingegen wird jeder Kausal-Nexus einmal versagen. Aufgrund der Fehler. Das ist Logik!

Ergo: alles ist vergänglich, da es von Beginn an einen Fehler in sich trägt. Die Vergänglichkeit des Seins wird seit Anbeginn bestimmt durch das Auftreten eines früheren oder späteren Fehlers. Tja, dieses Programm ist das Werden und Vergehen eines jeden Sandkorns in der Vergangenheit, Gegenwart und Zukunft.

Aber: Was ist, wenn auch dieses Programm einen Fehler in sich trägt, was nur logisch ist? Dann ist das alles nicht logisch!

XIV

Gegenwart

Öffne du die Augen
es tobt kristallner Krieg
nimm dir deine Waffen
und töte für den Sieg.

Entlaube alle Wälder
dein Freund ist Agent White
trumpf auf als Vergeltungskiller
und sei allezeit bereit.

Schließe deine Augen
wenn die Mündung Feuer speit
bald bist du von allen Dingen
die du geliebt befreit.

Vergifte deine Anmut
und metzel alles flach
zerstört sind alle Kirchen
nur Blut fließt noch im Bach.

Dann bist allein du König
in der Stadt die du verbrannst
jetzt fehlen nur die Menschen
denen du befehlen kannst.

Gegenwart ist immer der richtige Zeitpunkt für selbsternannte Weltverbesserer und egozentrische Poser. Beide sind der Gesellschaft gleichermaßen ein Dorn im Auge. Wollen sie schließlich, mal mehr mal weniger, bestehende Verhältnisse in Frage stellen und sukzessive auch verändert wissen. Nicht selten bestehen beide Gruppen aus weltfremden Wichtigtuern oder unwichtigen Weltfremden. Auch Eigennutz spielt hier und da eine Rolle.

Das klingt zunächst als könnten wir diese Unverbesserlichen getrost vergessen und uns wieder den wichtigen Dingen im Leben widmen. Aber – was passiert, wenn es auch nur ein einziger ernst meint?

Wir kennen viele Beispiele aus der Geschichte, in denen Menschen religiös oder politisch motiviert, oder aus einer psychischen Devianz heraus, meinten sie seien der zurückgekehrte Messias, der die Menschheit zu erleuchten und auf den rechten Weg zurückzuführen hat. Welche intrinsische Motivation haben sie? Welcher Krieg tobt in ihrem Kopf? Was empfinden, denken und veranlassen sie?

Denken wir einmal nicht rational oder irgendwie moralisch, dann können wir ihnen folgen. Blenden wir die gute Kinderstube und die soziale Mitwelt aus. Denken wir uns einen Geist, der gefangen ist in Archetypen. Wie er dort hin kommt interessiert uns heute nicht. Wir wollen nur sehen, nicht einmal verstehen, was ihn dort umhertreibt.

Jetzt – plötzlich – trifft ihn ein Befehl! Es ist ein persönlicher, er ist für die Ausführung allein verantwortlich. Persönlich verantwortlich auch dann, wenn er ihn nicht erfüllen kann. Er muss es allein tun, alle Anderen sind Feinde, Gegner. Egal wie dieser Befehl lautet, sofort muss es in jeder Einzelheit, mit absoluter Entschiedenheit, gelingen. Und es muss beim ersten Mal gelingen und zwar ganz und mit aller Konsequenz. Er kann dann ein Held sein, der Erlöser. Wenn er dabei stirbt wird er sogar ein Märtyrer sein.

Er öffnet die Augen, erhebt sich aus seinem bisherigen Jetzt und sammelt die Waffen ein. Der Weg liegt vor ihm, hinter sich kann er keinen gegangenen Meter sehen.

Er marschiert direkt in den Sündenpfuhl, die Hure Babylons, Sodom und Gomorrha. Dort sind sie versammelt, die Blasen und Schwielen dieser Tage. Sie sind dort und treiben ihre Hurerei und Meuchelei, Tag für Tag, Stunde für Stunde. Er legt an. Sie können ihn nicht einmal kommen sehen, sind sie doch zu sehr vereitelt durch ihr Tagewerk. Er schießt. Sie schauen sich um, überrascht. Er sticht. Das Blut spritzt schneller aus ihnen, als sie verstehen, was geschieht. Er schießt. Er sticht. Er metzelt. Er tötet durch Feuer, Gas und Gedanken. Eine unendliche Batterie perverser Obsessionen. In jedem Gang, in jedem Winkel, überall auf dieser Welt. Und weiter. Der Auftrag wird erfüllt als er den Letzten erblickt und ihm das Messer in die Kehle rammt.

Dort steht er, blutüberströmt, am Fuße des Berges aus Leibern. Keinen Tropfen Schweiß auf seiner Stirn.

Er ruft zum Appell die Seinigen – dieser verhallt im Schweigen.

XV

Homo sapiens stultus est

Bin wieder mal an die Wand gerannt
fall zurück, in mein altes, immer neues Elendstal
keine Fee, die den Stab hebt ist zu sehen
nur der Clown läuft in den Sonnenuntergang.

Hab mich verlorn, hab dich verlorn
will alles vergessen machen
komme mir unendlich elend vor
möchte so gern so herzlich lachen
wie je zuvor!

Bin aufgehängt zwischen zwei Welten
jeder, der vorübergeht, bewirft mich mit meiner Schuld
kann nie rastlos bleiben
doch möchte so gern – dann und wann –
wie nie zuvor!

Verdammt,
brauche den Stein zum Anstoß,
brauche eine warme Hand,
putzt mir meine Brille
reinigt mir den Verstand!

Werft mich ins Höllenfeuer
gebt mir keine Ruh
zeigt mein Leben als einen Film
zeigt mir, wie weh ich tu!

Dummheit lässt sich auch gerne mehrfach tun. Wer behauptet, dass man aus Fehlern klug wird und jeden nur einmal macht, der täuscht sich. Na ja, nicht ganz zumindest. Sprechen wir von Lernen im Sinne reiner Wissensaufnahme, dann mag diese Aussage durchaus stimmen. Zumindest solange keine Devianz vorliegt. Zu reproduzierendes

Wissen liegt extern vor, muss verinnerlicht, also gelernt werden, dann steht es zur Verfügung. Ist dem nicht so, muss dieser Lernprozess verändert oder wiederholt werden. Ein in dieser Profession gemachter Fehler lässt sich mit etwas Mühe jederzeit wieder ausbügeln. Denn, meine Annahme, dass Eins und Eins addiert Drei ergibt, ist nur so lange ein Fehler, bis ich lerne, dass in Wirklichkeit die Lösung „Zwei" ist. Von da an gehe ich von dieser erlernten Lösung aus. Ein Fehler, der mich klüger gemacht hat! Ob das Ergebnis wirklich stimmt, kann ich nur glauben! Wie steht es aber um Fehler bei Denkweisen, die nicht auf logischen oder vordefinierten Ergebnissen beruhen? Bereiche des Denkens und Handelns, die sich unserer vollständigen Kontrolle entziehen, da sie auch unter- bzw. unbewusst gesteuert werden, oder einfach zu komplex sind, als dass sie sich vollständig steuern oder gar vollständig verstehen und nachvollziehen lassen könnten. Sicherlich wird jeder, der in einem kanadischen Wald barfuß in eine Bärenfalle getreten ist das nächste mal den Wald meiden oder zumindest einen großen Stock mitnehmen, um den Boden nach den Fallen abzutasten. Nur Schuhe würden hier auch nicht ausreichen. Aus Fehlern wird man klug! Sind wir hingegen in eine Herzensfalle getappt, so hilft uns auch beim nächsten mal der Stock oder das Meiden des anderen Geschlechts nicht einen Millimeter weiter. Umgeben wir uns mit Menschen, geben wir uns mit Liebenden ab oder verschenken wir unser Herz, dann gibt es keinen Masterplan. Je älter der Mensch wird, desto mehr lernt er dazu. Er macht Fehler, aus denen er lernt. Jeden Tag. Er kann dann im Folgenden diese Fehler vermeiden. Nicht aber in der Liebe! Zu komplex sind die beiden Menschen, die zwei Welten, die hier aufeinandertreffen. Zu unberechenbar ist die Dynamik jeder Sekunde dieser Situation. Hier gibt es niemals die Chance zu einer Wiederholung der eben erlebten Situation unter neuen, erlernten Vorbedingungen. Das Jetzt ist dem Eben und Gleich vollkommen verschieden. Wer jetzt noch Herr der Lage ist, kann gleich schon sein Glück verloren haben. Und immer wird er daran zerbrechen. Er wird sich Vorwürfe machen und seine Schuld eingestehen. Er möchte, dass ihn die Welt verurteilt, damit er anschließend geläutert ist. Dann soll alles wie vorher sein! Das ist die Logik, die er erlernt hat. Aus Situationen, in denen er Fehler gemacht hat. Jetzt will er sie auch hier anwenden. Und er merkt, dass es nicht funktioniert. Er will lieber für immer im Höllenfeuer Buße tun, als diese Situation aus der Hand zu geben oder dieses Mädchen für immer zu verlieren.

XVI

Warum macht ihr so einen Rummel um Sex?

Wie ist das wenn du
jemanden
so richtig
ehrlich
ganz lange
und immer wieder neu
so unendlich
wahrhaftig
lieb hast,
scheust du dich dann
tatsächlich
ihm das alles
und noch so viel mehr
einmal
zweimal
immer
zu zeigen
?

Warum macht ihr so einen Rummel um Sex
wenn ihr
jemanden
so richtig
ehrlich
ganz lange
und immer wieder neu
so unendlich
wahrhaftig
lieb habt,
scheut ihr euch dann
tatsächlich
ihm das alles
und noch so viel mehr
einmal

zweimal
immer
zu zeigen ?

Ihr seid doch tatsächlich Stümper,
ihr, die ihr das tut,
aber
noch so viel dümmer
weil
noch so viel schlimmer
aber
Sex von euch verprasst
weil
Sex von euch verpasst
!

Sex ist nicht der Mittelpunkt dieser Welt und sie dreht sich auch nicht ständig um dieses Thema. Das wissen wir irgendwann. Aber es gibt Jahre und Abschnitte in unserem Leben, da scheint es dennoch so zu sein. Und das sind die schwierigsten Jahre. Haben wir doch da so viel zu tun: Wir müssen Pickel wegbekommen, eine Freundin finden, einen Schulabschluss machen, Auto fahren lernen, und und und. Dann noch: das erste Mal.

Aus zahllosen diagnostischen Gesprächen und Tiefeninterviews zur Aufarbeitung und Bewältigung sozialer Differenzen und Psychosen und aus empathischen Dialoganalysen weiß ich, dass diese Situation entweder situativ kongruent oder futural nachhaltiger verlaufen kann. Immer trägt die gegenwärtige Gesellschaft und besonders die eigene Familie die Verantwortung für das Entweder-Oder.

Das interessiert den Teen aber nicht! Er fühlt sich immer gefangen in Konventionen von Gesellschaft und Familie. Und er erlebt die Anderen als ständige Gegner für sich. Er sieht die sexuelle Gesellschaft und weiß mittlerweile um ihr Tun. Aber sie schließt ihn aus. Er soll erst einmal die Schule machen, sagt sie ihm. Dabei ist ihr Tun genau sein Wunsch. Jetzt will er, aber er darf nicht.

Im Ernst: Er macht seine Erfahrung, entgegen jeglicher Konvention. Es ist gut. Institutionen und Eltern hoffen darauf. Sie können nicht helfen, da sie das gleiche Problem hatten. So machen erwachsene Männer und Frauen ihre sexuellen Tabus zu Lehrmeistern ihrer Töchter und Söhne. Eltern wollen, dass ihre Kinder wachsen und gedeihen, aber nicht sexuell. Obwohl das damals, in ihrer eigenen Jugend so von Wichtigkeit war.

So verstecken die Verantwortlichen ihr Tun in der Nacht hinter verschlossenen Türen, zitternd und betend darum, nicht entdeckt zu werden, auf dass sie Taten zu erklären haben, die sie selber nicht verstehen. Gleichzeitig stoßen die mächtigen Anderen uns jederzeit in jedem Winkel dieser Welt auf die Notwendigkeit, es ihnen gleich zu tun. Ein gesunder Geist wird abwartend diese Geschehnisse betrachten, daraus seine Lehren ziehen und früher oder später erkennen, dass beide Seiten durchaus ihre Berechtigung und ihren Sinn haben. Dann ordnet er sich in seinem Denken und Tun beiden unter. Anders allerdings die unruhige, labile, Seele, die die unmittelbare Entscheidung sucht. Sie wird sich auf die eine oder andere Seite schlagen, die sie fortan mit allen Mittel zu verteidigen hat. Denkt sie doch, sie ist hier richtig und die andere Sichtweise nur eine Gefahr.

Schenken wir diesen Überlegungen Beachtung und verstecken wir uns nicht nur. Wenn die Zeit zum Schweigen da ist, sollten wir zusammen schweigen. Kommt aber die Zeit für ein Gespräch, dann sollten wir auch miteinander reden. Das ist der Mittelpunkt dieser Welt!

Dein Prinz ist dir immer treu

Wir gehören zusammen
ganz fest und ganz heiß
nur Tod kann uns trennen
ich weiß, dass dus weist
Dein Prinz wird dir treu sein
tagein und tagaus
Du sollst niemals weinen
er baut dir ein Haus

über dem die Wolken ziehen
in das jeder gerne kommt
in das die Trauernden fliehen
in dem jeder gerne träumt

Dein Prinz will dir treu sein
er liebt dich so fest
es soll immer neu sein
wenn man ihn lässt
er wird dich dann fangen
tagein und tagaus
mit Liebe bedecken
in euerem Haus

in dem die Kinder spielen
das Glück sich bäumt
du wirst es dann fühlen
wenn das Glück überschäumt

das Haus soll für immer
für immer euch zwein
es nimmt keiner nimmer
und du wirst des Prinzen Prinzessin sein!

Prinz und Prinzessin stehen nie am Anfang einer Erzählung über zwei sich liebende Menschen. Den Anfang bildet immer eine Situation der Trennung, Verwirrung und scheinbaren Ausweglosigkeit. Dann begegnen sie sich in schier ausweglosen Lebenssituationen und nichts ist mehr wie zuvor. Aber das ist nur in ihrem Herzen. Denn es ändert sich nichts an den Gegebenheiten der Welt, mehr noch, es wird Widersacher geben, Konflikte, Eifersüchte und Krieg. Sie werden fliehen müssen, sich verstecken, verleugnen und vielleicht Anderen hingeben, alles zum Zwecke des irrationalen Glücks.

Es sind Welten, die sie trennen, Religionen, Verständnisse, Bräuche und Schamanentum. Sie leben so weit entfernt voneinander entfernt und haben ihren schweren Alltag zu meistern ohne Hilfe und ohne Verständnis. Sie sind in ihrer eigenen Zweisamkeit jeden Tag allein.

Aber in ihren Gedanken sind sie stets treu dem Anderen, bei ihm und bei ihr, füreinander geweiht. Sie halten Gedanken, die Hände, sie sind versunken in dieser Welt, die da ist, aber nicht zu sein scheint. Wo die Tränen im Sand versinken, Gedanken Transportmittel sind. Dort, wo die unersättliche Liebe für immer in eine einzige Richtung in das Licht sich wendet und es mühelos schafft.

Es ist ein Glück, dass den beiden den Weg weist. Ein Gefühl, nicht sichtbar, aber es hebt die Härchen auf der Haut. Sie verlassen sich auf die Poren, Schwingungen, die ein Körper unterbewusst in Richtungen seines Wohlbefindens macht. Sie hören, im atemberaubenden Almanach des Alltags, so weit in die Ferne, dass es eine Liebe ist, die Legende werden kann. Und das alles mit einer so bunten Leichtigkeit, dass es nicht von dieser Welt sein kann. Wenn es nicht verstanden wird. Wenn das Herz verschlossen ist. Wenn der Körper den Vorrang hat vor der Seele und seinen Freunden. Vor Fantasie und Ehrlichkeit, vor Traum und Schicksal. Vor dem Gefühl.

Ehrliche Seelen finden sich, auch in diesem Leben. Sie haben ein Gespür, es sind die Härchen, die sich aufrichten, wenn sie sich begegnen, wenn sie sprechen, wenn sie sich nahe sind, wenn sie sich küssen. Ehrliche Seelen sind sind immer die Blumen im Alltag dieser Halde. Bunte Flecken, bestaunt von den leeren Hülsen umstehender Saat.

Sie finden sich und können Eins sein, da sie denselben Ring tragen, aus der Schwere und Bedürftigkeit dieser Welt. Sie sind die Einzigen, die verstehen, dass der Zwang und die Ängste lediglich die Tür zum besseren Sein sind.

Und dann ist die Zukunft das Gegenbild dieser Welt, ein Altar der Offenbarungen. Ein Ort, an dem die Sinne Sinn machen, die Gefühle Sinn haben und der Geist ein anderer ist. Ein Ort, an dem du ich sein kannst, an dem ich du sein kann, an dem wir zusammen sind. Wirklich und für immer.

Es findet sich. Wir finden uns. Dann geht dieser schier endlose Kampf über in ein kleines Glas. Wenn wir es nun schütteln, dann sind all diese Dinge, die vorher unser Leben bedeuteten und so schwer waren, einzig der Weg dahin. Dorthin, in dieses Schloss. Dort, wo heute die Sonne scheint und morgen der Schnee fällt. Aber jetzt sind wir vereint, zu zweit.

XVIII

Cry out for help

Tell me,
why I deserve this,
wasn´t I the only one,
who held it together?

Gone now it all is,
all this we lived for,
all the games now played,
and hawks burn in fire!

Is it right you do,
with you and me,

Don´t cry out for help,
nobody will hear you scream,
cause everything ended
when you left.

Don´t look round for help,
cause the time you turn around,
is lost,
cause nobody is still there!

Please,
burn out in fire,
and try to start alone on your own,
cause nobody it with you!

Eine Geschichte … ja, das ist es. Aber das hat mir richtig weh getan. Und verstehen konnte ich es gar nicht. Aber heute denke ich, dass ich das verdient habe. Aber heute ist es auch nicht mehr dieselbe Geschichte.

Es sind halt die Zeiten, die sich ändern, nicht die Menschen. Daher macht es auch keinen Sinn, mit den Erfahrungen von heute zurück zu wollen in ein verkorkstes Gestern. Selbst mit der Erfahrung von heute würde ich dieselben Fehler machen, dieselben Menschen verletzen, dieselben falschen Dinge tun. Aber auch mit der Erfahrung von heute würde ich dieselben Menschen lieben, dieselben Wege gehen und für dieselben Ziele kämpfen. Es sind halt die Zeiten, nicht die Menschen, die sich ändern.

Daher machen wir auch immer wieder denselben Quatsch. Jeder Einzelne und alle zusammen. Schicksale wiederholen sich, Fehler wiederholen sich, Geschichte wiederholt sich. Wir sind auf bestimmte Menschen und Dinge fixiert. In guten und in schlechten Tagen. Wir wollen das nicht wahr haben, da wir denken, dass wir tun und lassen könnten, was wir wollen. Daher glauben wir an eine zweite Chance. Wir sehen aber nicht, dass diese immer nur der Beweis ist, für die erste Chance, die wir bereits vergeben haben. Und so geht das weiter und weiter und weiter.

Egal! Wir können uns ja einfach an unsere Hilfe klammern. An unsere Hilfe in unserem Kopf. An das, was wir gelernt haben. An das, was was wir können und sind.

Wir werden sterben! Eher und alleine, oder eher und später alle und alleine und zusammen. Das ist verstörend und aber real. Ich hasse diese Realität, dieses Immer-Tun-Müssen und ich mache es. Ich mache es gerne. Immer wieder. Ich bin gezwungen. Am Ende liebe ich es sogar. Weil es dann keine Rolle mehr spielt. Es ist dann egal. Weg damit!

Für meine Liebe habe ich immer alles gegeben. Ich habe niemals übertrieben, niemals gelogen, niemals in dem Moment etwas anderes gewollt. Und dann war alles so anders. Plötzlich anders.

Es war immer ein versuchter Sieg. Am Ende habe ich aufgegeben, was aufrichtig zu mir stand. So habe ich immer alles verloren, auf der Suche, stets auf der Suche in eine noch bessere Welt. Meine Suche war immer ein Versuch, wahrscheinlich nur um mich zu retten, mir eine Nische zu suchen, heraus aus der Vergangenheit. Den Kopf zu überwinden. Und die Verantwortung lag immer bei mir. Ich gebe sie ja auch nicht zurück. Obwohl es ein Muss wäre. Ich kann das aber nicht mehr leisten …

Wir werden uns trennen … das haben wir getan … wir werden uns lieben … wir werden uns hassen … wir werden vergessen … oder auch nicht … wir werden weinen … und lachen … wir werden … wir werden niemals mehr werden …

Was für eine Geschichte …

… ich liebe sie … ich hasse sie …

XIX

Vielleicht ist es Sehnsucht

„Meine Nase drück ich mir am Fenster platt,
schaue nach den Regentropfen,
die zu Tausenden über die Straße hüpfen,
was machst du?

Ich ignoriere alles, was ich tun muss,
höre nur die vielen Stimmen,
die lautlos durch die Lüfte schwimmen,
hörst du zu?

Zuviel ist jeder Schritt für mich,
drum bleib ich einfach stehn,
lass die Welt sich weiterdrehn,
wo bist du?

Verdammt noch mal,
gerade jetzt,
bin ich wieder ausgeklickt.“

„Vielleicht ist es Sehnsucht,
vielleicht ist es mehr.
Vielleicht ist es Täuschung,
doch täuschst du dich sehr?

Vielleicht ist es Tarnung,
vielleicht ist es Lust.
Vielleicht ist es Warnung,
doch wäre das Last?

Vielleicht ist es Liebe,
vielleicht bist es du.
Vielleicht ist es endlich,
endlich so weit.
Vielleicht ist es endlich,
endlich die Zeit!“

So eine Sehnsucht … verbirgt diese Welt. Ich habe sie gesehen, aber nie richtig verstanden. Manchmal war es Erfolg, manchmal die Liebe, manchmal war es ein tägliches Glück, manchmal auch nur das Dasein. Buchstaben, Zeichen, Signale. Gesehen, gehört, gerochen. Aber niemals richtig verstanden. Immer interpretiert. Die Suche dahinter, den Kontext gesucht. So verloren in Labyrinthen und den Denkmälern aus Herzensstein.

Ich bleibe einfach stehen. Ich höre in mich und ich höre weit weit weit. Stimmen, die mir nichts sagen, aber die bei mir sind. Stimmen, die mir meine Trauer nehmen. Stimmen, die mir Sehnsucht sind. Süße Stimmen. Immer wieder.

Getäuscht? Ja! Immer, jeden Tag: beim Blick in den Spiegel, beim Blick in die Runde, beim Blick in den Kopf, beim Blick in die Seele und in das Herz. Und alles blutet für immer und jetzt. Zu wenig ehrliche Seelen.

Es ist eine Suche … die Suche nach dir … die Suche nach mir. Wer kann diesen Weg auch gehen? Wer kann dazu stehn? Wer sieht denn die Ehrlichkeit, die dahinter sich befindet und versucht, den Smog der Alltäglichkeit zu durchbrechen?

Liebe habe ich nie gefunden. Ich habe es auch nie behauptet. Ich habe es auch nie gesagt. Ich habe immer alle verachtet, die nach fünf Minuten oder fünf Tagen von Liebe gesprochen haben. Oder den Partner mit Kosenamen versehen haben. Meistens war Hasi, oder Bunny oder Pussy auch nach vierzig Tagen schon wieder Geschichte. Oder nach vierzehn Tagen. Sorry, Mausi!

Komisch, dass das Verständnis für echten Wahnsinn und unübertroffene Selbstlosigkeit so gering ist. Seltsam, dass unberechenbare Ehrlichkeit weniger wert ist als das Hübsche Hübsche Hübsche Bah. Primitiv ist, dass all dies so verfestigt ist, dass die Gesellschaft es glaubt und an keiner Stelle mehr offen ist für die Wahrheit. Aber ich kanns verstehen. Wir ficken jeden Tag diese aufgepolsterte junge, langhaarige, blonde Extensionbitch, ohne Hirn, mit Boboarsch, damit wir uns keine Gedanken machen müssen über Normalos, Beziehungsprobleme und den ganz normalen Wahnsinn. Yolo halt.

Aber die Gedanken sind NICHT frei. Sie folgen dem, was wir seit Geburt sind, gesehen, gefühlt und vor allem erfahren haben. Den ganzen gottverdammten Scheiss. Die beste Scheisse unseres Lebens. Das ist es. Beides. Heute. Morgen. Später erst recht.

Und dennoch kämpfe ich für … mich. Ich kämpfe für mein Herz, mit allen Sinnen. Für den wahren Sinn, für endlose Liebe. Für den Tag, an dem ich sagen kann, dass alles gut war und ist. Für ein Leben, das es wert ist, gewesen zu sein. Für unübertreffbare Gefühle, Emotionen und Träume.

Für dich … für mich … für uns beide und für immer.

Und dennoch bleibe ich für immer lieber allein.

Mein Gott! Was für eine Sehnsucht!

XX

Never victorious

My daddy says:
You never run to mama when she cries,
you never hear the angels scream.

My mama says:
You never go to daddy when you´re running wild in circles,
when your mind is in pain,
when you´re driven insane.

My grandpa says:
You never hear your friend´s hearts beat.
I can see it in your eyes,
they never recognize,
they never fell in love,
never see the teardrops on her cheeks.

But – how can I live:
if there´s a snake in my mind
if there´s a thief in the heart?
Tell me – how can I go:
if friendship´s torn apart,
if my girlfriend no longer believes in me?
And my heart is made of stone!
Tell me – how can I live:
if the stars fell down to earth,
down on my head,
down on my neck,
down on my life?
How should I go on?
How should I go on living?

Niemals habe ich gewonnen ... und deshalb alle Siege einfach mal auf später verlegt.

Wo war noch gleich das Verständnis für irgendwas? Ich sollte es aufbringen, ohne Plan bis dahin. Die andere Seite hat mir nur auferlegt, auferlegt und auferlegt. Und immer gelächelt und von mir dasselbe verlangt. Also habe ich gelächelt und bin zu euch zurück, immer und immer wieder. Ich danke dafür. Denn dieses Lächeln besitze ich heute immer noch. Immer und immer wieder. Jetzt ist es aber einfach nur noch ... ja: nur noch. Nichts mehr, kein Gefühl. Es tut nicht mehr gut und es tut nicht mehr weh. Aber ich funktioniere noch, ich funktioniere nur noch.

Ich habe so gerne gegeben, verschenkt und verliehen. Mein Herz, meine Seele und mein ganzes Leben. So wurde alles Stück für Stück weniger, ich mir und euch, Tag für Tag fremder. Stets dachte ich, es gehöre zum Spiel dazu und nahm es hin und tat noch mehr davon. Kein Zweifel, der mich gebremst hätte und kein Gedanke an den Dank, den es verdient.

Allem gerecht, in Gedanken und Tun. Allen gerecht, mit Verlaub ohne Ruh. So hat es mich getragen durch Familie, Liebe und Welt. Während sie feierten, alle um mich herum, brach das Herz in tausend Stücke und der Kelch war längst leer.

Aber: was kann ich tun? Wenn der Kopf so leer ist? Wenn das Herz so schwach ist? Wenn die Gedanken nicht mehr da sind? Wenn es leer und einsam ist? Wenn es im Sommer nach Erde und Moos und kaltem Keller riecht? Wenn zu Zeiten buntester Träume nur ein Vergissmeinnicht in schwärzestem Schwarz in der Sonne steht und mich anzieht mit grauem Nektar aus vertanen Stunden, verlorenen Tagen und schwersten Jahren?

Wo kann ich hin, wenn diese Schlange aus ihrem Versteck kriecht und mich wittert, um all das einzufordern, was ich niemals hätte geben dürfen? Wie kann ich schnell genug sein, mich zu ducken, wenn die Welt mich mit Steinen bewirft, die sie aus meinem Herzen gemacht hat?

Und wieder einmal werde ich geben, verzeihen, schenken und lieben. Ich werde vom Frühling und vom Sommer erzählen. Von Spielen, die ganz leicht zu gewinnen sind. Ich werde tanzen, mit jeder, die mir die Hand reicht oder ein gutes Wort für mich hat. Ich werde euch applaudieren, bei jedem noch so schlechten Witz.

Ihr könnt ihn wieder in den Arm nehmen euren Harlekin, den Schelm, der immer alles gut sieht und gut meint. Ein Spässchen vielleicht, einen Taschenspielertrick? Sicherlich, gewohnt wie immer, habe ich da was.

In meinen Träumen bereite ich alles vor: ich nehme eine Decke und packe mein Kissen in eine sehr alte Tasche. Ich nehme mein Gewissen und mein Herz und meine Seele und meinen Verstand aus der verstaubten Vitrine und lege sie behutsam zwischen meine Erinnerungen, Wünsche und Ziele. Ich ziehe die Schuhe an, die mich so weit getragen haben und meine besten Freunde sind.

Dann öffne ich die Tür …

… und ich beginne zu laufen. Vielleicht werde ich dieses Mal siegreich sein …

XXI

**Die traurige Geschichte von den beiden Menschen, die ihr Glück
verlieren, weil sie nicht glauben können, dass es manchmal
besser ist, ein Kind zu sein**

Liegen sich gegenüber
kein Wort wird mehr gesagt
kalte Augen starren in die Nacht.

Gehen nebeneinander
die Hände finden sich nicht mehr
blasse Lippen, trocken, atmen viel zu schwer.

Denn
sie waren nur verliebte Kinder
und
die Liebe war ein Spiel
jetzt
kommt für sie der Winter
und
es gibt da kein Gefühl.

Er packt seine Sachen
kein Kompromiss wird abgeklärt
er wünscht sich eine Jolle, die in den Süden fährt.

Sie will nur die Alimente
ungebornes Leben, ist das einzige, was zählt
damit da auch am Ende, kein einzger Heller fehlt.

Denn
sie waren nur verliebte Kinder
und
der Rest ein Doktorspiel
jetzt
kommt für sie der Winter
und

es gibt da kein Gefühl

Als hinter ihm die Tür ins Schloss fällt

- ein neues Leben wartet nicht -
sie befriedigt schon das Geld zählt
- es gibt kein neues Licht -
da fängt für jeden neue Zukunft an:

Heute hat er nur noch Sex auf Bargeld
und sie kein einzgen Mann
er trinkt und verliert beim Spielen
sie hat das Kind, dass sie nicht erziehen kann.

In so manchen lichten Momenten
da werden sie verrückt
und wünschten
sie wären verliebte Kinder
und könnten noch mal zurück.

Ich bin so traurig … weil ich mein Herz verloren hab! Weil du denkst, dass es eine Andere war. Weil ihr denkt, dass ich euch betrogen habe. Weil ich euch habe gehen lassen …

Es gab immer nur die Eine! Es gab immer nur dieses Kind. Es gab immer nur dich!

Ich habe euch gehen lassen … Ich habe niemals ertragen, dass ihr Wünsche und Ziele hattet. Dass ihr so einen festen Boden unter den Füßen hattet. Dass ihr etwas wolltet.

Ich habe euch gehen lassen … Weil ich diese Wünsche nicht erfüllen konnte, ich diese Ziele nicht erreichen durfte. Ich diesem Leben immer zu weit hinterher war.

Ich habe euch gehen lassen … Weil ich nicht wollte, dass ihr traurig seid, dass ihr nicht schlafen könnt, dass ihr eure Träume und Ziele nicht erreicht.

Ich habe euch gehen lassen … Weil ich nicht wollte, dass ihr weint, wegen mir. Weil ich nicht wollte, dass ihr träumt, trotz mir. Weil ich nicht wollte, dass ihr lebt, mit so etwas wie mir.

Ich habe euch gehen lassen …
Ich habe dich gehen lassen …
Ich habe euch wirklich geliebt …
Ich habe dich wirklich geliebt …
Darum habe ich euch gehen lassen …
Darum habe ich dich gehen lassen …

Komisch, dass ich nicht sagen kann: ich liebe dich.
Vielleicht bin ich deshalb so traurig.

Das ist der einzige Grund … warum ich weinen kann …

XXII

Liebe ist ein

Miteinander
Aufeinander
Ineinander
Voneinander weg
eine Hand voll Staub
ist, was man verschenkt,
sein Kindsein,
sonst gar nichts!

Liebe!? Eine vage Variable? So wie die Unendlichkeit? So wie der Zweifel oder die Sehnsucht, die sich mir in den Nacken setzen, um mir dann den Kopf nach links und rechts zu drehen, so dass ich meinen Weg aus den Augen verliere?

Liebe ist ein Geschenk. Nicht erzwingbar, nicht subjektiv zu erfassen, nicht zu halten, ihr nicht zu entgehen. Sie zwingt uns, Dinge zu tun, die irrational, unverständlich, leidvoll und traumhaft sind. Sie sorgt dafür, dass wir uns innerlich spüren, daran zerbrechen und dass das Menschsein in uns wächst.

Die Liebe ist eine schöne Blume, der blaue Himmel und eine phantastische Reise in die erhoffte Ferne. Staunend sitzen wir ganz weit vorne in ihrem Cockpit und schauen herab auf endlose Berge und Täler und Seen. Das grünste Grün erstreckt sich all überall in alle Himmelsrichtungen. Das Auge kann nicht erblicken, welches System dahinter, für die Gefühle im Herzen, im Kopf, auch im Magen, sorgt, das wir als schönste Krankheit und sinnlichste Vergiftung empfinden. Hier benennen wir es wohl im Negativen, da die helle Seite das Gewicht des menschlichen Liebens nicht darzustellen vermag. Wir sind Menschen. Daher ist uns die Explosion einer Bombe heller als es der Schein der Sonne ist.

Was geben wir? Geben wir uns? Wie viel davon? Unser Sein will und lässt sich nicht teilen. Nicht auf zwei oder mehr. Wir verbringen ein ganzes Leben damit, uns zu finden. Wo soll dann noch ein anderes Sein sein?

Das können nur Kinder. Sie wägen nicht ab oder checken A für B. Sie denken, die Probleme sind weg, wenn sie die Augen schließen. Sogar die bösen Menschen sind dann weg. Alle Geister, die unter dem Bett und die im Schrank.

Wo ist unsere Kindheit? Wo ist unser Kindsein? Wo sind wir heute, wenn wir nicht wissen, wo wir hin wollen? Wo ist der kleine Gedanke, der uns an den heutigen Tag gebracht hat, der uns alles so wunderbar sein ließ? Der für uns ein Leben erdacht hat, das wir lieben, das wir wollen, mal weniger und mal mehr? Wo ist diese Blüte, dieser Samen, dieser Hauch, dieses verdammte Versprechen, auf das Beste, auf dieses gottverdammte Leben?

And there´s the bell of sweetness!

Schick mir einfach ein Lächeln, das reicht. Teile dir mit mir den Regenschirm, das passt. Gib mir die Zeit, meine Träume zu erzählen. Nimm meine Hand, wenn du schlafen willst. Höre mir zu, wenn ich kopflos bin. Sei einfach du, wenn ich nicht ich sein kann. Sei nur da. Das reicht mir. Ja.

Lass uns Kinder sein ...

XXIII

Frühling

Vielleicht ist alles was ich sage falsch
weil du es nicht verstehst
vielleicht ist alles was ich tue falsch
weil du es nicht willst
vielleicht ist alles was ich will falsch
weil du es nicht kannst
vielleicht ist alles zu viel?

Vielleicht ist auch all mein Denken
nur dazu bestimmt
die Dinge zu lassen
so wie sie halt sind
und alles das zu tun was falsch ist.

„Falsch", das ist erst einmal nur ein Wort. Denn: was heute falsch ist, ist morgen vielleicht die Lösung. Was ich als falsch sehe, kann für Millionen Andere die Offenbarung sein. Ein falsches Gefühl war womöglich einfach nur falsch. Falsch ist relativ, falsch ist erst einmal relativ schwierig.

Ich will ja nicht unnötig drauf rumreiten. Mir ist schon klar, dass sich Gesellschaften, wie auch immer, darauf einigen, was richtig und was falsch ist. Dass sie sich durch diese Konventionen darauf festlegen, wie ein irgendwie zivilisiertes Leben, wie sie es nennen, auf oberflächliche Art und Weise, für einen klitzekleinen Bruchteil der Menschheit, möglich wird. So entwickeln sie Strukturen von Moderne, Dienstleistung, gesellschaftlichen Rollen, Demokratie, Fortschritt und Wachstum. Gebaut ist all das auf dem gepriesenen und tagtäglich gelobten und verteidigtem Urpfeiler einer absoluten Gerechtigkeit, einem transzendentalem „Richtig" und seinem Konterpart „Falsch". Die Kleinen wachsen so auf und die Alten geben es so weiter. Generationen, durchtränkt von der Wahrheit, die vorgekaut wird, keine Rebellion erlaubt und so seltsamer Weise so oft kontrastiert zu dieser realen Welt ist. Aber wir haben gelernt, damit zu leben. Wir klammern die Dinge aus, verschieben sie auf andere Ebenen, diskutieren sie weg oder sperren sie ein. In Gefängnissen, die die kurzzeitig Abtrünnigen rehabilitieren oder in Köpfen, um sie dann als krank zu etablieren.

So, na ja und durch die Doktrin von Familie, Freunden, Schule, Arbeitsplatz, Medien, Recht, Moral, Ethik, Religion und und und, alle genährt durch die Brust dieser allwissenden Fremdbestimmer, wissen wir, was für uns gut und nicht gut, falsch und richtig, ist.

Wir würden auch all das glauben und hinnehmen, wäre dort im Hinterstübchen des Herzens nicht dieser kleine Parasit. Dieser missratene Sohn der Gesellschaft, der uns sagt: Lass diese doch in ihrem kleinen Dasein so sein, wie sie es wollen. Es tut dir doch nicht weh, einfach zu ihnen rüber zu schauen und über ihr Treiben zu lächeln. Sie werden dieses Lächeln als Zustimmung verstehen. Da sie dumm sind. Da sie blind sind. Und so kannst du tun, was dir und deinem Herzen wichtig ist. Ohne Probleme.

Du lächelst herüber zu ihnen und ihrem Scheiterhaufen aus Dingen, der ihnen nichts bedeutet und Emotionen, die nichts wert sind und wertlosem Wissen, das sie in Sicherheit wiegt, da sie denken, sie sind im Begriff einer Evolution, so dass sie den Stillstand niemals bemerken. Daher werden sie dich nur lächeln und winken sehen. Sie werden denken, du bist einer von ihnen und ein Freund. Sie können nicht sehen, dass du die Gedanken der Untrübnis trägst, die den Horizont erweitert, zu verstehen und zu sehen, dass eine andere Ebene des Daseins, verbunden mit wahrem Glück und Wohlbefinden, die wahre Offenbarung der Dinge und Seele ist. Dabei ist es einfach. Es ist ja stets da. Aber überblendet. Wenn auch zwei Menschen denselben Himmel sehen oder dieselbe Strasse gehen, so berichten sie dennoch stets unterschiedlich über dieses Erlebnis. Individualität ist das, was unterscheidet. Zum Glück! So dürfen wir auch das tun, was andere als falsch ansehen.

XXIV

Du bist schuld, dass ich nicht mehr schlafen kann

Wenn du mich fragst:
wie sieht es aus,
weißt du, dass ich dich nicht aufgeben kann,
dass ich dich nicht verlieren will.
Mein Gott – so habe ich dich nicht gespürt!

Wenn du von mir willst:
dass ich dich heute spür,
weißt du, dass ich schon eher daran gedacht,
dass ich dich jetzt und hier will.
Mein Gott – so habe ich dich nie gewollt!

Wenn ich zu dir sag:
Ich liebe nur dich,
dann ist das alles so ernst gemeint,
denn mehr als zuvor, immer mehr.
Mein Gott – so habe ich dich nie geliebt!

Du zerstörst mir mein Leben
du bringst mich noch um
wann kann ich dich haben
dass ich wieder schlafen kann?

Schlaf, das ist die Grundlage des Lebens. Kein Lebewesen wird dauerhaft ohne diese Tiefsinnigkeit der Natur überleben.
Der Schlaf ist der Freund der Physis, gibt er ihr doch die Möglichkeit zur Regeneration und die Zeit, das organische Machwerk zu sortieren und zu tanken. Der Schlaf ist der Bruder der Psyche, indem sie die Möglichkeit bekommt, Taten und Drang zu verarbeiten und Hinweise zu senden, wo Faktoren für ein faires Win-win noch fehlen.

Im Schlaf bekommen wir das geschenkt, was wir im Wachsinn uns niemals nehmen können: einen Zustand, der nicht uns die Dinge geschehen lässt, sondern einen Zustand, der uns in den Geschehnissen sein lässt, die einfach passieren. Wir sind das, woher wir kommen und wohin wir gehen. Abhängig von den natürlichen Dingen dieser Welt. So lässt sie uns noch einmal einen weiteren Sonnenlauf miterleben oder sie kann es nicht, da das Gleichgewicht nicht mehr länger existiert. Entweder ist es ein neuer Frühling und die Blätter des Baumes dürfen längst wieder an die Oberfläche drängen. Oder es ist der Beginn des Herbstes, eines einst kraftvollen Blümleins, das die Sommer immer wieder so hübsch war und nun die Kraft nicht mehr hat, es erneut zu sein.

Und so sind wir wach und klammern uns und klammern uns an alles, an Dinge, an Gedanken, an die Vergangenheit, an Erfolge, an Menschen, an Projekte, an Gott und die Welt. Wir sind müde und fertig und ausgelaugt. Aber immer noch wollen wir und wollen wir. Und dann kommt der Schlaf.

Wir sind off, aus. Und nun füllt die uns gegebene Natur wieder einmal eine weitere Zeile senkrecht oder diagonal aus, im großen Kreuzworträtsel unseres Lebens. Entweder fehlen jetzt noch weitere Buchstaben oder das Lösungswort ist bereits gefunden.

Und sind wir dann dankbar, dass das Rätsel noch nicht gelöst ist? Nein, wie denn auch? Wir sind ja wieder on, an. Wir klammern uns und klammern uns an alles, an Dinge, an Gedanken, an die Vergangenheit, an Erfolge, an Menschen, an Projekte, an Gott und die Welt. Wir sind ja zum Glück noch nicht so weit.

ICH schlafe so gern.

Wenn ich die Augen schließe, ist es mir nicht wichtig, was in der Vergangenheit geschehen ist oder was nun noch sein wird. Ich lasse mich fallen, in das, was für mich sein soll. Kurz bevor es geschieht, spüre ich die Wärme. Und es ist weich. Blumig. Das macht mich glücklich … …

… … ich würde gerne länger verweilen, da es so schön ist.

Ich lächle dennoch. Denn täglich ist mir ein Traum mitgegeben, den ich zu denken, niemals gedacht. Dafür bin ich dankbar, solange noch Buchstaben fehlen.

Tatsächlich nehmen wir unsere vermeintlichen Wichtigkeiten mit in den Schlaf. Ohne zu wissen, dass es unnötig und umsonst ist.

XXV

Sex is

Boys babble back bad
girls grabble grand graduation
to make their reputation.

Men manage mad mode
women work wise whim
to show they´re actually slim.

But sex is the best way
to show on all the seven days
that red roses don´t only
bloom on fields.

Boys ´n girls! Ach ne, so muss das ja jetzt: #boysngirls! Aber egal! Egal, wie der Karton auch von außen aussieht, es passt immer nur das hinein, was seiner Größe an Volumen entspricht.

Individualität ist immer nur eine hinderliche Last, die nicht verstanden, uns sein lässt, was wir wirklich sind: etwas ganz Besonderes! Normal handeln wir bestimmt durch vorbestimmte Strategien zum Nutzen eines Zwecks. Zum Erlangen einer gesellschaftlich angesehenen, möglichst medizinisch auch noch als psychisch und physisch als normal zu definierenden, Komposition aus Akzeptieren und Dienen. Dinge, Denken, Handeln und Gefühle sind uns vorgegeben und zum besten bereits vorgelebt, so dass wir sie bedenkenlos einfach übernehmen können, möglichst sogar wollen, um glücklich und gesellschaftlich nachhaltig leben zu können. Dabei müssen wir niemals auch nur einen winzigen Teil unseres eigenen Daseins, Egos oder unserer Träume antasten oder mit ins Spiel bringen. Unser Leben wird uns vorgelebt. Das macht es so einfach. Und nach einiger Zeit streben wir bereits danach, all das zu haben und zu wollen, was uns gezeigt wird. Stets reicht uns das Argument, dass es sich bewährt hat.

Aber hat es sich jemals, vielleicht auch nur ein einziges Mal, gelohnt? Haben all die Herzen diesen vergänglichen Ruhm und dieses immerwährende Tagewerk überlebt? Oder sind sie immer noch unterwegs in diesen blinden, zeitlosen und als erstrebenswert erachteten Straßen einer Stadt, die eine Hure ist und ihren geschundenen Körper verkauft für ein Glas Champagner, gefüllt mit vertanen Chancen und gestorbenen Träumen aus noch gar nicht so sehr entfernter Vergangenheit?

Wie sehr verehre ich da die geistig Mittellosen, die einfach Lebenden und Denkenden dieser Welt. Gradlinige Wege, einfache Handlungen, keine Fragen, nur Tun. Erst einmal Machen, dann Sehen, was wird. So geht es tagein und tagaus. Längst sind sie im Ziel, während ich noch nicht einmal einen Startschuss vernommen habe. Sie meistern ihr Leben, eine Familie und mehr. Sie sind viele und so ist ihr Tun eine Masse und so wächst etwas, jeden Tag und zwar ohne Zutrauen, Verständnis und Mühe. Dabei sind sie glücklich und zufrieden und schauen stumm und unwissend auf den Rest der Welt.

Während wir philosophieren, taktieren, psychologisieren, sogar einen Weg in die Sterne suchen. Während wir uns absichern, abrackern, in einen Ballon namens Politik und Gesellschaft und Religion kriechen.

Während aus uns eine Armee blinder, marschierender, mit Ruß bedeckter Soldaten wird, die täglich im Granitbruch des Daseins ihr Leben lassen, ohne Sinn, stehen sie auf der Sommerwiese und schauen uns unverständlich zu. Ihre Sommersprossen sind niedlich. Barfuß stehen sie da und essen einen Apfel. Im Hintergrund sieht man die Kinder, die sich über die Sonne freuen. Ein Mädchen lässt einen flachen Stein weit über den See springen ...

... während wir unsere Mäntel nehmen, weil wohl bald der Regen kommt.

XXVI

Schau … ich nehm dich vielleicht mit hin

Baby, komm lass uns abhaun
verschwinden von hier
für immer und ewig
ich bleibe bei dir.

Ich zeig dir die Insel
ein Eiland für zwei
voll in die Sonne
geht nimmer vorbei.

Ein Versprechen! Ganz schön voll genommen das Maul, lieber Schreiber. Wie kommst du dazu?

Aber schauen wir einmal, wer du bist.

Offensichtlich ein Jemand, der an eine ewige Liebe glaubt, zumindest eine, die es wert ist, als ewig bezeichnet zu werden. Scheinbar ist das auch körperlich gemeint. Lesen wir doch von einem Bleiben, Stehen, an der Seite. An der Flanke, wie ein Mitstreiter im Kampf. Und scheinbar willst du deine Liebste mitnehmen auf einen Weg. Ich denke, ihr wollt sogar fliehen. Wovor sagst du nicht. Man kann nur vermuten, dass es der Alltag ist, also das tägliche Tun und Werkeln und die täglichen Aufgaben, Gesichter und Meinungen. Oder die Staatsanwaltschaft, eine Exfrau oder irgendeine Organisation mit drei Buchstaben. Dabei offenbarst du ihr, dass es besser ist, zu gehen und dass es unendlich sein wird. Dass du sie für immer lieben wirst. Entweder bist du ein Heiland oder ein Schwindler. Immerhin bist du wortgewandt und ideenreich, was beide, also Heiland und Schwindler, sein sollten. Es ist gar nicht so einfach, jemandem die Ewigkeit zu versprechen, da der Ring dafür scheinbar bei jedem Juwelier dieser Welt ständig ausverkauft ist. Daher dann immer große Worte. Und auch deine großen Worte. Oft reichen ja auch mittelgroße Worte eines Versprechens genau in dem Moment, wenn man mit einer Angetrauten an einem Geschäft mit Fußbekleidung oder an an Handfesseln getragenen Umzugskartons vorbeischreitet. Darüber hinaus scheinst du ein Bootsbesitzer zu sein. Willst du doch deine Erwählte auf eine Insel bringen, die sehr einsam zu sein scheint. Auch wenn es da scheinbar gutes Wetter geben wird, so könnte der Spaß doch etwas getrübt sein, da man ja nicht immer an so alles denkt, wenn man spontan flieht. Spontanes Fliehen ist im übrigen ein weißer Schimmel! Und hoffentlich hast du bedacht, sie zu fragen, ob sie auch ein uneingeschränkter Sonnentyp ist. Scheinbar ist das nämlich ein Schwerpunkt auf diesem erstrebenswerten Stück Erde. Und jetzt das Allerwichtigste: all die vorab genannten Freuden sind dort wohl für ewig. Also ewig weg von Daheim. Ewig derselbe Typ, also du, also auch sie. Ewig eine Insel. Ewig nur für Zwei. Für ewig die Sonne. Abgesehen vom vergessenen After-Sun-Fluid, wegen überstürzten Verlassens. Wegen althergebrachter Gewohnheiten, könnte doch die neu gewonnene Zwei-Einheit zum gegenwärtigen Problem werden. Natürlich ist auf einer solchen Insel genügend Platz, wenn du mal weggehen möchtest, da du dich mal kratzen musst. Aber wohin willst du schwimmen, wenn dringend mal ein Tapetenwechsel von Nöten wäre? Oder wenn du einfach mal wieder so richtig in Ruhe, laut, hart und ungezwungen kacken musst? Was bei dem ganzen, wahrscheinlich rohen Fisch, in sehr regelmäßigen Abständen, der Fall sein sollte.

Zum Glück hast du ja nicht wirklich was versprochen. Du nimmst sie ja nur "vielleicht" mit hin.

XXVII

Danke

Mein Leben nahm die Wende
machte kurz mal „bumm"
ich will dich bis ans Lebensende
ich weiß, du bringst mich dabei um.

Die tausend schönen Stunden
ich habe nichts bereut
ich hab den Weihnachtsmann gefunden
auf den ich mich das ganze Jahr gefreut.

Halt mich, beiß mich
wie ein Kind
Fang mich, reiß mich
wie ein Wolf.
Und lass zwei Jahre nur ein Anfang sein!

Du warst von Anfang an der Renner
beweist es immer mehr
ich war schon mal der Penner
doch ich bereue es so sehr.

Trittst mir oft mal in den Hintern
für uns beide ist das gut
sonst würd ich in Grönland überwintern
oder auf dem Zuckerhut.

Halt mich, beiß mich
wie ein Kind
Fang mich, reiß mich
wie ein Wolf.
Und lass zwei Jahre noch viel länger sein!

Ich schenke dir mein Leben
leg es in deine Hand
ich will dir immer alles geben
immer weiter, verknüpf das Band.

Lass uns einen Teppich weben
oder einen Turm erbaun
dann wolln wie uns auf den Teppich legen
und tief in die Augen schaun.

Halt mich, beiß mich
wie ein Kind
Fang mich, reiß mich
wie ein Wolf.
Und lass zwei Jahre für immer sein,
und lass zwei Jahre für immer sein!

Den Versuch wars wert

Ich kann dich nicht vergessen
wahrhaftig, nein, das kann ich nicht
ich schaue auf dein Foto
ich sehe in dein Gesicht.

Ich muß dich wiedersehen
du hast etwas gemacht
ich schaue auf dein Foto
ich sehe, dass du lachst.

Vielleicht ist alles so falsch
vielleicht ist alles nicht wahr
ich kann es dir nicht sagen
was geschieht hier überhaupt?

Vielleicht ist alles nicht falsch
vielleicht ist alles doch wahr
ich werde es dir sagen
was geschieht dann überhaupt?

Gib mir eine Chance
nur, ganz klitzeklein,
komm, lass es uns versuchen,
lass mich ins Herz hinein,
hinein!

Eine Danksagung, das sollte eine große Geste sein. Ich muss
schon sagen: ich werde unfassbar sentimental, wenn ich dieses Opus
lese und schon mehrfach hat es mich weinen lassen. Und staunen
lassen.

Diese wunderbare Liebe ist wie Glas. Sie ist rein, makellos, an
einem Stück, unversehrt und durch sie kann ich die Sonne und den
Regenbogen sehen. Durch sie kann ich den Sommer und die frische
Erde riechen. Das Obst und das Laub schmecken. Ein Kristall, der
aus dem Himmel fiel, um mir das Ganze zu sein.

Ich weiß nicht, was aus diesen Menschen geworden ist. Ich kann
nur den Augenblick sehen, hören, riechen, fühlen und schmecken.
Ob es sie noch gibt, ob das Gefühl noch da ist oder ob alles
vergangen ist, das weiß ich nicht.

Aber, immer, wenn ich für etwas Danke sage, dann ist es, als stelle
ich eine Blume in ein Vase. Eine Blume, die ich zuvor nicht einmal
mit Namen benennen konnte und über die ich auch sonst nichts weiß.
Daher gehe ich immer wieder zu ihr und schaue, ob sie noch blüht.
Ich fühle die Erde, ob sie noch Wasser braucht. Ich schaue die Farbe,
ob sie genügend Sonne hat. Ich schaue nach dem Zaun, den ich zur
Sicherheit um sie herum errichtet habe. Und jeden Tag, an dem ich
zu ihr gehe, um nach ihr zu schauen, mit der Gewissheit, dass ich
alles richtig gemacht habe, rechne ich damit, dass sie verblüht ist.

Immer, wenn ich für etwas Danke sage, dann ist es, als baue ich
einen Tempel aus Glas. Lichtdurchflutet und hell. Die Sonne steht
darüber, das ganze Jahr und der kühle Regen darf seinen Weg hinein
finden. Das Glas ist der Schutz und das Leben zugleich. Ganz …
hell … fest … sicher …

Und dann komme ich zurück zu meiner Blume, zu diesem so unfassbaren Besonderen und schaue.

Ich sehe, dass sie verblüht ist. Sie steht noch immer dort, wie ich sie zurückgelassen habe. Aufrecht, geschützt und genährt. Und dennoch ist sie vergangen, verblüht und verbraucht.

Vor ihr gehe ich auf die Knie, ich schaue sie an. Sie hat sich geneigt, zur Seite als wolle sie sich auf ein unsichtbares Kissen betten, damit der Kopf nicht mehr so schmerzt.

Ich hatte doch für alles gesorgt. Ich hatte Danke gesagt.

Während ich sie mit tränenden Augen betrachte, greife ich nach ihr und spüre sofort die eisige Kälte.

Ich hatte nicht für alles gesorgt. Ich hatte die Wärme vergessen.

XXVIII

The Final Solution

This is the end of a dream
the end of the world for you
for me this is the final scream
for you this all cannot be true!

But you hugged me at first
and kicked me at last
you swore love to me
and gave me a blast.

This is the start of a life
the start of the end for you
for me the grateful relief
for you back to the old crew.

But you kissed me so smart
and pulled a plug in my heart
you touched me well kind
and gave a fuck about my mind.

Eine Lösung, das kann auch schon mal eine wohltuende
Abrechnung sein.

Ich nehm das Gesagte und Getane auf wie ein Schwamm
bis das Velours sagt, dass es nicht mehr aufnehmen kann.
Ständig füllt der Mopp den Giganten, damit es weiter geht,
ohne zu checken, dass er eine Knarre lädt.

Er macht die Beine breit, an jedem hübschen Tag,
weil er so bekommt, was er so gorgeous mag.
Viagra, Action und Meth aus dem Web
high auf dem Pandafell fickt er sich den Samstag fett.

Ich bin gestorben und keiner hat es bemerkt
ich bin hier oben und ich hab euch markiert
Wir sind Minotauren
und sterben gemeinsam
Wir sind Tauben
für immer alleinsam.

Es ändern sich stets die Zeiten, die Motive jedoch nicht.
Sind wir angeschossen, so bleibt das Blut jeden Tag des Jahres fest
an mir. Das interessiert den Tag, den Monat, das Jahr, jedoch nicht.
Wir werden niemals aufgefunden, liegend dort und krampfend, uns
übergebend und den letzten Hauch ganz knapp haltend, bis der letzte
Blick fixiert, uns in unserer Iris verbleibt.

Wie schön war der Traum der Sommerwiesen, die wir überliefen,
heute in den Erinnerungen verbleibend, als Disteln, die uns bluten
lassen an unseren Füßen?

Wie süß waren die Küsse, die uns letztlich das Verderben
brachten, als eine Pest, die uns in den Wahnsinn trieb, Dinge zu tun,
die jeglicher Abart ein Beispiel sein könnten?

Wie groß war die Liebe, die in unseren Adern kauerte, dass sie uns
endlich das Augenlicht und den Verstand rauben durfte?

Und dennoch waren wir stets auf das Beste aus. Ich erinnere mich
genau an den Tag, an dem ein Schmetterling auf meiner Hand
landete, genau an die Stunde, als ich dich küsste, ohne Zweifel, an
den Glauben, den wir hatten, an jede einzelne Kleinigkeit, die es so
besonders sein ließ, an unseren besten Sommer und all die
Außerirdischen, die mit uns waren. Ich erinnere mich daran. Ich lebe
davon. Ich bin noch immer verseucht.

Ich sehe noch immer diese Augen.
Sie heilten mich.
Sie töteten mich.

XXIX

Sehnsucht nach dir

An einem schönen Sommertag
haben wir uns verloren
das Glück, das war uns niemals so richtig treu.

Wir gaben uns aus den Armen
von da an bin ich erfroren
zum Glück, wird alles immer wieder neu.

Ich habe solche Sehnsucht
ich verliere den Verstand
nachts, in meinen Träumen, rufe ich nach dir.

Ich will dich wieder spüren
ich bin so viel gerannt
und nachts, da wünsche ich, du wärst hier bei mir.

Wir warn uns doch so ähnlich
und gaben es niemals zu
ich kletterte immer höher
und stürzte ab.

Doch jetzt spür ich's allmählich
ich finde keine Ruh
ich warte auf ein Zeichen
sonst stürz ich ab.

Ich will dich dauernd halten
fest in meinem Arm
ich lasse das Glück für mich walten
dann wird es wieder warm!

Die Sehnsucht, sie ist ein Getier, das auf einer anderen Ebene lauert, bis ich von Liebe geschwächt bin, mich zu holen dann, zu verschleppen und mit den Flügeln der Allmacht zu erschlagen. Sie frisst meine Seele, sie zerreißt mein Herz und sie trinkt mein Blut. Sie lässt von mir nicht einmal einen einzigen Gedanken in dieser Welt zurück, so sehr saugt sie an jeglichem Geist meines Daseins und meines Wesens. Und selbst noch, wenn mein verbrannter Leib zu Boden fällt, der mit den leeren Höhlen der Augen in die Richtung meines Begehrens blickt, packt sie meinen geschundenen Schädel, dreht ihn, entfernt ihn vom Anblick dessen, verwindet ihn in einen Kosmos des Wahnsinns und der unendlichen Strafe. Damit ich für immer erleide, was ich lediglich verdiene...

...und ganz langsam fällt dieses Herz. Sein Blut spritzt sich wie in Zeitlupe aus, als könnte es diesen Körper niemals mehr ertragen. Es drängt hinaus und gerinnt in der Gosse einer elenden Welt. Es endet als Tropfen in der Sonne an einer belanglosen Wand und wird dort der Fäulnis einen neuen Raum geben.

Komm, mein Freund, lehne dich hier an! Solange dieses Blut noch warm ist wirst du keinen Unterschied merken zu dir oder mir. Solange es noch nach Eisen und Energie riecht, wirst du denken, dass es dein eigenes ist. Lehne dich ganz fest daran, darin, an. Und schmecke das zersetzte Salz, das einst auf diesem toten Körper ruhte, der du selber warst.

Komm zum Freund, der dir Gutes tut! Friss mir aus der Hand und höre meine sonore Stimme, während du herzlos und blutleer stirbst. Wie diese Hure, die sich Gewissen nennt. Komm zu mir, mein Sohn, er wird dir immer gut sein, dieser Altar, auf dem du als Opfer liegst. Komm, ich bin dein Gott, du opferst nur das, was dir nichts bedeutet. Komm, ich bin du, ich weiß genau, was du brauchst.

Ich brauche dich, für immer. Du sollst mich halten und da sein. Du musst mich auffangen, wenn ich zu fallen drohe erneut. Ich verlange es nicht, ich wünsche es so sehr und blicke dir in die Augen, damit ich dich und mich sehen kann. Ich nehme deine Hand und drehe dich zu mir. Wie schön du bist! Du bist ein Spiegel meiner Seele und niemals hätte ich gedacht, dass es ein Mensch sein kann, der so begehrt wird von mir. Du bist ein Segen für mein Leben und die Bedeutung für mein Sein. Du bist die Gänze meiner Unvollkommenheit, die sich wandelt in einen Sinn, den ich nicht einmal zu vermuten wagte. Was für ein wundervoller Mensch, der mir die Sonne zeigt und den Regen erklärt. Der so nahe bei mir ist, dass wir nur ein einziges Paar an Fußspuren hinterlassen. Und wenn es mich wieder angreift, dann bist du die Woge des Meeres, die mich sicher an den Strand trägt. Liegen wir dort in der Sonne unter diesem unendlich weit-blauen Himmel. Für immer. Nur wir zwei.

Ich möchte diese Sehnsucht. Sie möge mich dort am Strand liegen lassen, verweilen mit dir, für immer, diese Augen sehend, die mir Zukunft verheißen, die mich in den Arm nehmen und trösten, wenn ich wieder unsterblich alleine bin und diese Welt verachte, in der ich ein Gefangener bin.

Friends

We were friends for a long long time
we were children for some days
those harlecins for a special rhyme
those special rhymes without grace.

We had hearts made by big big love
we were proud to be free
those were the days above
those break me down to my knee.

The angels are falling
the stars not shining
the sky is burning
and the doors of heaven are shut.

We had to part us
we had to destroy us
we had to forget it
and fuck to the ground.

Mixed emotions now clutching on minds
teardrops falling down your lines
reading your words
and waiting.

Diese Freunde, die mich quälen und meine Besten sind. Mein
Leben und meine Liebe. Diese Kinder im Geiste, gemeinsam sind
wir das Gespött jeder Nacht. Wir quälen uns mit Zuneigung und
zelebrieren liebend unseren Entzug. Wir zerstören unsere Herzen,
indem wir uns küssen und nahe sind, damit wir uns verdammen für
unser Tun, das gestern so sinnvoll erschien und heute uns die Seele
schwärzt. Was uns der Frühling bringt, das trägt der Herbst längst
wieder fort. Der reine, frisch gefallene, weiße Schnee, verdampft im

Glutmittag zu einer abscheulichen Pfütze vergebenen Daseins und nie gesollter Hingabe.

Ein verlassener Ort und ein Blick in den Himmel. Der Schatten fällt lang, in dieser Nacht. In den Augen Tränen, die die Wolken verwischen, die ohnehin schon verloren und dunkelst verbluten, katatonisch verschwinden in diesem Schwarz. Die Arme recken zum Himmel, die, die Freude sahen und nun übersät sind mit einer verdienten Pest. Könnten sie nur den Hals finden, der dieses Leid über zwei Körper brachte, um in der anschließenden Ruhe eine endlose Feuerbuße zu tun. Würden sie nur brennen und die Brust berühren, die diesen Verderb zuließ, um dann in der Gosse der Unendlichkeit zu verrotten. Und diese Augen, die es ansahen, es transportierten in jeden Winkel. Und diese Worte, die es nannten in jedem alltäglichen Moment. Dies wäre alles mit einem Messer gut entfernt.

Dort stehen diese zwei Gestalten. Und jede dieser beiden ist für sich. Aus Anstand und aus Reue. Aus Schuld und aus Sühne. Aus gegenseitiger Liebe.

"Sieh mir in die Augen noch ein letztes Mal."

"Ich werde niemals frei sein."

"Es tut für immer weh."

"Ich werde dir immer treu sein."

"Das ist ok."

Hier trennen sich unsere Wege. Wir haben beide überlebt. Auch wenn es wirklich sehr knapp war. Angeschossen und von Pfeilen durchbohrt, des Augenlichtes beraubt und die Zunge betäubt. Wir wurden von wilden Hunden getrieben und haben Gedanken verbrannt, um die Spuren zu verwischen. Wir haben uns verleugnet und gegenseitig das Übel zugespielt. Wir waren uns Feinde und Freunde, wir waren uns Alles und Nichts. Wir waren uns nie näher als jetzt!

Wenn ich den Himmel sehe, seine Wolken und diese Sterne, den Tag und die Nacht, die Sonne und den Mond. Wenn ich ein Gewitter höre, Donner und Blitz. Das Hell und das Dunkel.

Welch eine Vernunft!

Wenn ich mich bücke und ein Sandkorn nehme. Wenn ich es in die flache Hand lege und beschütze. Auf, dass wieder etwas wachse.

Welch ein Herz!

Without any title

Ich trockne deine Tränen
zauber ein Lächeln in dein Gesicht
jede Entschuldigung ist vergebens
denn sie reicht wohl dafür nicht.

Scheiss auf weite Horizonte
prügel in Gedanken alle tot
bricht das Herz in kleine Stücke
reiß dem Wolf den Kopf vom Rumpf.

Zauber der vergangnen Stunden
liegt wie Sommer in der Luft
schau, ich seh den Regenbogen
rieche klaren, warmen Duft.

Wirf wie wild mit Steinen um dich
kratz dem Mond die Augen aus
gib dem Wahnwitz keine Chance
Vergangenes hört irgendwann auf.

Ich will dich jetzt nicht verlieren
ich bereue es zu tiefst
ich kann nun nicht alleine gehen
ich bitte, dass du mir vergibst.

Ich bin ein Zauberer! Ich vermag die Augen und das Herz zu
schwärzen und sie sehend zu machen. Einen Atemzug zu nehmen, so
dass er zum Ersten und Letzten wird. Ein Feuer aus Eis in den Seelen
zu entfachen, das für immer lodernde Kälte sorgt. Ich kann den
Verstand berühren, mit dem Finger der Sehnsucht, auf dass er sich
drehe und wende unendlich um sich und alles Sein, bis er lieber den
Tod wählt, als ewiglich drangsaliert zu werden. Ich zerreiße die
Träume eines ganzen Sommers in einer einzigen Sekunde, in Stücke,
von denen sich kein Einziges je wiederfinden lässt … "… spanne den

Regenbogen in bunt über den Horizont und bringe diesen wundervollen Regen in der Nacht. Gib deine reine Seele den Treuen an deiner Seite, die dort warten, auf ein Zeichen von dir. Gehe in den Spuren der Gesandten einen Teil des Weges mit und gib ihnen zur Hilfe dein Vertrauen. Reiche dem Geweihten eine Hand, die ihm den rechten Weg zeigt, der so verschwommen für ihn scheint. Und küsse mich. Und halte mich fest. Und gib mir Vertrauen. Mache mich stark. Damit ich auf diesem Weg bleiben kann, der mich zu dir führt..."

… höre ich den Gesang und fühle ich, wie er mich berührt … bewege ich den Zeiger der Zeit nur in Richtungen, die mir gefallen. Lenke ich den Strahl der Sonne in der Gutgläubigen Gemüt, die an ihm zugrunde gehen … die Stimme dieses Engels … vergehe ich mich an der Sorge des Einzelnen, wie die Dirne am törichten Mann. Ich kränke diese Welt … eine Hand, ganz warm, mir gereicht, die mich an sich zieht … Ich bin das Unabdingbare, ein Fingerzeig … "liebe ich dich" … verschaffe ich dem Übel einen Rhythmus, den ich bestimme … "fühle mich, mein Herz" … sehe ich durch die Augen einer toten Seele … "und ich möchte in deinen Armen einschlafen und aufwachen. Ich fühle dich. Wie du entspannst. Wie du atmest. Wie du vertraust. Wie du diese Welt hinter dir lässt. Wie du mich in dein Herz schließt und uns eine Bühne gibst" … was ich immer noch kann. Ich zerstöre … "umarme ich dich und schicke einen Liebesbrief in dein Herz, zur Zentrale deiner Sehnsucht und deiner Wünsche. Bleibe bei mir und sei mir treu." … kann ich zerstören und niederringen … "und hilf mir, in dieser Welt zu überleben. Sei mir dieser Freund und Gefährte. Ich denke, dass ich ohne dich sterben werde. Lass mich bitte nicht zurück. Lass mich nicht ..." … Wie ich das mag. Blut … "du bei mir bist und mich für immer liebst. Ich nehme dir deine Angst vor dieser unendlichen Entscheidung, vor diesem unfassbaren Glück, das sich dich gesucht hat. Ich lege dir die Hände an die Wangen, damit du selig einschläfst wie ein Kind. Damit wir zusammen dies Unsagbare erträumen." … Meine Augen und mein Herz sind lichtdurchflutet, jeder Atemzug weht durch den unendlichen Raum zu dir. Verbundene Seelen, ein flatterndes Band des Vertrauens. Den Verstand über den gesamten Horizont geweitet zu einem immerwährenden Leben und allgegenwärtigen Sein. Ich vereine die Träume eines ganzen Sommers, in einem einzigen Sandkorn, als ein Ganzes, das sich niemals wieder trennen lässt.

Manchmal läufts eben gut

Fühl mich wie verlornes Elend,
habe niemals dran geglaubt,
kämpfe gegen mein Innres
hab mich meiner selbst beraubt.

Weiß genau, ich werde träumen,
weiß genau, von dir,
tappe wild zwischen zwei Welten,
wer verlangt das von mir?

Regen fällt mir auf die Füße,
Schatten ins Gesicht,
ich falle in die Tiefe,
breche mir das Genick.

Denke jetzt an all die Stunden
und finde es einfach schön
ich will nichts davon verlieren
du darfst für mich niemals vergehn.

In jeder stillen Stunde
glaub ich es ist viel mehr
entweder hab ich dich verloren
oder es wird wie vorher.

Träum auch du von mir in stillen Stunden
oder denke mal an mich
dann werde ich dich wiederfinden
oder nur ich hole dich.

Läuft dieser Regen über mein Gesicht. Und kitzelt mich, so dass ich laut lachen kann. Und ein Tropfen wandert …

Es ist diese Welt, die mir so nicht gefällt. Ich will verreisen.

Und ich packe meinen Koffer und nehme nicht mit:

Euch Dämonen, Geister der Gegenwart, die ihr mir stets das Gesicht verbietet, Verbündete der Komparsen meiner Vergangenheit, aus diesen bitteren Operetten unzähligen Schmerzes und Schauspielen unüberwindbaren Ekels. Euch Diabolen, sunt in me, sententia est, in perpetuum. Euch Hyphämen, past sanguinum in me. Euch Myrmidonen, contritio in me. Percussi sunt, crucifixi erant. Superfluum est sanguis meus.

Dich verhärmtes Herz, dich Quell so vielen Übels. So vieler Schande und so vieler Scham. Dich Feind, der du nur gesinnt bist, mich zu überfallen aus einem Hinterhalt. Mich zu treffen, dort wo der Ursprung meiner Sehnsucht ruht.

Euch falsche Brüder, über den vermeintlichen Vorteil stolpernd. Niemals gemerkt, dass ich es schon lange heraus hatte. Und ihr, die ihr Mäuse wart, an der langen Leine, die mir den wirklichen Segen verschafft hat.

Dich wahre Liebe. Niemals zu dieser Endlichkeit bestimmt. Wo warst du? J`entended ton coeur. Wo war ich? Kayleigh, it is too late, to say I´m sorry?

Euer Gesicht. Dieses irdische Gefühl absurder Geborgenheit. Von mir aus legt euch oder dreht euch. Fühlt euch warm und geborgen.

Du Gefühl, das mich solange und soviel gefesselt hat, an diese Unverstandenheit. An dieses Weniger und den Verlust. An dieses Kalkül und seinen vermeintlichen Durst. Ich bin nicht bei euch. Ihr nicht bei mir. Wir sind keine Freunde. Ich wäre am liebsten gar nicht hier. Ich möchte die Sterne aus der Nähe sehen. Bitte tötet mich, ich bin ein Nephilim!

Diese Welt entfernt sich. Zum Glück. Zusehends. Wenn ich reise.

Und ich packe meinen Koffer aus und bin endlich Daheim:
Bei euch Freunden: Dämonen und Geistern, ego te absolvo.
Dir liebem Herz: non sino te abire.
Euch Brüdern: semper fratres.
Dieser Liebe: amantes amentes.
Euerem Gesicht: non mentior.
Diesem Gefühl: omnia expiriri.

Pulchra est imber. Ego sum! Und ich schlafe, in diesem Regen, für
immer glücklich ein.

XXXIII

Satisfaction

On the aisle in a forward mood I wanna fall,
in the sun, romping in the sand, in your arms
I wanna love you to death.

I, Baby, stroke your heart
hands on your body smart
I wanna see you been satisfied.

Child like riding on waves, with you upon I wanna see,
in the water under blue sky, you looking lewded
I wanna hug your loins.

I, Honey, stroke your heart
hands on your body smart
I wanna hear you been satisfied.

Satisfy me by using your hands and your mind
and Cinderella spin me up to be mad about you
if body meets the body for satisfaction now.

Ein Schlaganfall – und dieses wundervolle Herz springt erneut
befriedigt an. Willkommen auf meiner Insel!

Mit dir im Sand, in der Sonne. Das Azurblau trocknet auf deiner
Haut. Und das Salz schmeckt nach jedem einzelnen Tropfen aus der
unendlichen Weite dieser farbig-fantastischen Sehnsucht. Deine
Augen sind diese unfassbare Tiefe eines Atolls. Der purpurne Himmel
über allen Meeren. Alle Planeten zur besten Zeit des Tages. Ein
sanfter Tornado, der mich verführt diese unsagbaren Lüfte zu kosten,
mit dir. Dieser weite weiße Strand, dieser Horizont jedes nur
annähernd Denkbarem, Milch und Honig fließen durch dich. Dein

Kuss öffnet den Himmel in aller Himmelsrichtungen und offenbart die verzaubernde Unendlichkeit hinter dieser künstlerisch gestalteten Leinwand. Jede Berührung stößt einen dieser Cromlechs an, die Jahrtausende warteten, am Rande dieses Universums, geworfen zu werden, auf dass sie springen, hinein, in die gewaltigen Fluten dieser unsagbaren Gefühlsäonen. Bis hin zu den Argonauten, den ewig Sternenreisenden ohne Rast.

Du hast mein Herz berührt. So lange schon, so weit ich denken kann. So sehr viel vor heute, vor diesem atemberaubenden Moment. Du hast eine Fährte gelegt, auf dass ich dich finde. Ich habe einen ganz dünnen Faden Hoffnung gewebt, auf dass es so sei. Ihn habe ich stets behütet, verteidigt und ganz fest gehalten. Als die Welten um mich herum brannten, bebombt von Herzlosigkeit, falscher Toleranz und egoistischer Verzweiflung. Als sie starben und untergingen, schwarz blutend verschwanden, im Moloch menschlicher Abgründe und verwesender Selbstherrlichkeit. Ich habe mich daran geklammert und darin verbissen, verstrickt und verwebt, während die Brutalität meiner traumatisierten Psyche und meines geschändeten Verstandes mich verbrannte. Während mir alles vom Körper, aus der Seele und dem Herzen gerissen wurde, was mich einst mit diesem Wahnsinn verband und ihr getreuester Verbündeter sein ließ.

Unfassbar – was ich getan habe. Ich bin ganz neu. Und ich bin unsicher und fühle mich so wohl zugleich. In einer neuen Welt. In der ersehnten Welt. Endlich angekommen und befreit.

So viele Menschen und Fantasien. Ich höre und sehe und fühle euch alle zugleich. Und bin sprachlos und sehr interessiert. Und verstecke meine Seele einmal für eine kurze Weile. Ich beobachte euch. Wie ihr mich. Ich will mich dem Sog hingeben, der mich erfasst hat und versuchen, es zu tun. Ich offenbare mich euch und bin nackt. Ich trage keinen Schutz und dennoch jegliche Verantwortung. Ich öffne meine Arme und mein Herz. Und ich kann es sehen. Es wird Liebe werden.

Mein Schrei ist erhört und beantwortet, beantwortet und erfüllt. Die Sorge um mich ist vergessen und ich sehe das Grün erneut und höre diesen Klang. Es sind diese Glocken. Der Süße. Ich hoffe es zudem. Denn sonst hörte ich sie nur einst, als ich den Gang antrat, zum frischen Grab eines Freundes.

XXXIV

Happy

The train stops at the station
tired it leaves
the clown in the dusk.

But there´s not one child to watch the teardrop in his eye.

Diese Reise – in diesem Zug. Wo sind diese Kinder? Ich nehme sie in die Arme. Wo bist du? Wo ist diese Befriedigung meiner Sehnsucht?

Und nun gehst du und mit dir das Gefühl und das Aroma und all diese Frische und der Geschmack. All diese Geborgenheit und diese Traurigkeit.

Wir suchen diesen Clown. Wir suchen nach dieser Unendlichkeit. Nach diesem Gefühl. Ich suche nach dir.

Und nun wird dich der Krieg zerstören. Dir den Kopf abreißen und die Gliedmaßen verstümmeln. Das Herz verbrennen und die Seele zerstören.

Ich will mich … und suche stets das Dunkel.

Sieh Das hier!

Wenn ich weine.

Ich weine stumm, alleine, und dann bete ich. Ich erbete, was immer ich will, wo immer ich bin. Und dann bin ich ich. Ich bin wieder ein Kind.

Ich bin einsam und klein und verletzlich und ich kann euch nicht hören und nicht sehen. Ich habe Angst und zittere. Ich bin so allein und lutsche an meinem Daumen und beiße mir auf die Lippen. Stahlblau schmeckt das Blut auf meiner Zunge. Ich bin nass geschwitzt. Und ich habe mich in beiderlei ergangen in meine kleinen Hosen. Alles schmerzt. Und es tut weh, wenn es trocknet. Und dieser Gestank, der mir zeigt, dass es unnormal ist und mich bedroht. Ich kann nicht aus dem hinaus. Gefangen in meinem Gefängnis aus Schweiß und Exkrementen meiner selbst, die du hervorriefst. Und ich fühle dieses Adrenalin und diese Pisse und diese Scheiße, die ich für dich verwahre. Wenn du mir über den Weg läufst. Wenn du mich nur ansprichst. Wenn ich nur an dich denken muss. Ich werde dich damit ersticken. Ich werde dich damit füllen. Ich werde dir dieses Gefühl geben, das du glaubst, in mir zu konservieren. Ich suhle mich in diesem Pfuhl, den du anlegtest, fülltest, überflutet hast. Ich sauge all diese Abscheulichkeiten und bitteren Geschmäcker auf, um sie auf dich zu speien. Ich übergebe mich aus all diesem Ausfluss unsagbarer Obszönität all überall auf dir. Ich verbrenne und ersticke und verseuche und töte dich durch diesen Ausguss infernaler Abscheulichkeiten.

Du wirst nach all diesen Verbrechen und Perversitäten immerzu riechen. Ein Brandmal all dieser Unglaublichkeiten tragen. Mitten auf der Stirn. Im Leben und über den Tod hinaus. Du liebgewonnener Zyklon.

Warum ich wurde, wie ich bin?
Jetzt bin ich: Du!

XXXV

Stupid, Andy

Andy is a stupid boy
runs away from the crowd,
feels not happy anywhere
his life is not allowed.

Andy, Andy give you candy
dip a bullet in your mouth.
Andy, Andy kill your Sandy
to give the other people free.

Andy spats his clockwork out
destruction of his gen
feels now happy anywhere
his life has never been.

Andy, Andy took the candy
dipped a bullet in his mouth.
Andy, Andy killed his Sandy
and gave the other people free.

Armer Freund – hast du auch diese Gedanken? Ja, ich denke. Ich habe so schöne Gedanken. Ich nehme dich mit. Auf diese Reise. Auf dieses Boot. Auf diese Insel. In diesen Tag. Um dich zu töten.

Halte ein, mein Freund!

Siehst du diese Welt? Willst du sie begehren? Magst du noch ein Leben in ihr? Armer Andy.

Spürst du diesen Schmerz? Wie kannst du hier bleiben? Du mußt jetzt ins Licht gehen. Glücklicher Andy.

Komm, komm, mein Freund. Komm, komm. Dieses ist eine tödliche Liebe. Ich drehe dich um. Und beiße dir in den Hals. Um dich zu schmecken. Und es rinnt warm in meinen Hals. Und ich fülle dich mit meiner Liebe. Und meine Liebe ist so viel. Sie rinnt über uns. Und es gefällt.

Er vergeht wie der Herbst, wenn sich der Winter hinter das Dorf schleicht, um erneut sich sicher scheinende Menschen aus dem Traum zu reissen. Er bringt mit sich eine Lawine des Unbehagens und der ewigen Kälte, die sich klaustrophob über jede Kehle und jegliches Gebein legt. Um sich selbst ein Gott zu sein, der seine Menschenkinder versteht und ihnen zur Sorge die Seele heilt, damit sie würdig werden der Sonne des nächsten Frühlings. Um ihnen ein Baal zu sein, der erhöht über die Gebirgen die offenen Arme um sie schließt, die ihnen die reine Verheißung bedeuten.

Atemlose Achterbahnfahrt und gierige Sucht, das sind die verteufelten Zwillinge der Liebe. Die, die uns so süchtig machen, dann in dieser lustvollen Trance vereinen und schwimmen lassen. Die, die uns dann hintergehen, aus dem Hinterhalt überfallen und verstört und geschunden danieder liegen lassen. Die, die uns beim Sterben zusehen und uns dabei den letzten Atemzug rauben, um durch ihn, ihr Leben erneut zu verlängern, um es dann dem Nächsten ebenso anzutun.

Mit diesem Schuss löschst du dir die schönsten Gedanken, nicht aber das verräterische Herz. Dummer Andy!

XXXVI

Ausgegrummelt
oder:
Was hab ich da wieder für nen Scheiß geträumt

Heute ist Freitag,
wir schreiben das Jahr Egal,
guten Morgen, liebe Hörer,
alle Mädels dieser Erde,
lieber Papst,
Römer und Griechen, Bundis und Zivis, Studis und Profs,
hört, hört Mütter und Väter, Omas und Opas, Tanten und Onkel.
Hinz und Kunz,
Oma Reni,
ja, du und deine Apfeltorte!
Stellt das Rauchen ein, schnallt euch an,
versteckt eure kleine Schwester in der Besenkammer,
eure Mütter in vielen bunten Wandschränken,
stellt die Ohren auf Durchzug
und hört was ich euch zu sagen habe!

Ab heute gelten andere Sitten,
wehen andere Winde,
gibt es neue Gesetze
und eine wilde Unordnung.

Zuerst verjagt mal den Boss
mit einem Biß in die Waden
und läuft er nicht los
dann boxt ihm in den Magen.

Jetzt schnappt euch die Nachbarn
dreht die Musik ganz laut auf
schellt an wie die Kinder
und streckt ihnen die Zungen heraus.

Dann schnappt euch die Eltern
Daddy kriegt nen Ohrring verpasst

97

Mutti läuft Amok
sie hat in die Kunstkotze gefasst.

Holt raus eure Flaschen
und trinkt auf mein Wohl
dann wolln wir laut rülpsen
ganz einfach mal so.

Zieht mal den Stöpsel,
aus dem Bodensee raus
diese neue Gewerbefläche
wird ein riesiges Freudenhaus.

Öffnet all eure Türen
ladet Freunde zu euch ein
lasst Schwesterchens Goldhamster laufen
und schmeißt deren Goldfische in Muttis Liebligsbowle hinein.

Dann liebt eure Nächsten
denn Sex hält jung im Akkord
montiert Opas Rollstuhl
an Daddys neuen Ford.
Fahr mal nach Rom
grüßt den Papst schön von mir
sagt: wir lieben die Sünde
aber erst nach halb vier.

Und jetzt
verlasst eure Häuser
und schickt mein Mädchen zu mir
sagt ihr ich warte
und wollt sie wär hier.
Ich wird sie jetzt fressen
ganz zart und ganz sanft
ich muss sie jetzt küssen
und ...
Guten Morgen, liebe Hörer,
es ist Freitag,
sie hören die Nachrichten ...

Ein Traum – ist wohl eine wundervolle Erinnerung. An einen Wunsch oder eine ganz besondere Zeit. Demnach ist es schon, wie landläufig erkannt, dass da etwas endlich verarbeitet wird, welches schlummert in den eigenen Eingeweiden. Aus vergangenen Zeiten oder als Anlage in eine persönliche Zukunt. Ein Muss, das zu leben sich lohnt oder ein Zwang, den loszulassen nicht möglich ist.

Ich habe das Gefühl und das ist meine wirklich feste Überzeugung (Geht das beides so parallel überhaupt? Rational sicher nicht. Aber befinden wir uns nicht stets auf den seltsamsten Wegen? Oft auf unsicherem Terrain? Und sind uns dennoch sicher, dass es gut enden wird?), dass sich das Leben jeden Tag nicht unterscheidet vom Sein in den Träumen. Beides geht gemeinsam einher und ergänzt sich unwillkürlich. Haben wir ein Problem im Leben, dann wird der Traum niemals leicht sein. Haben wir ein Problem im Traum, dann kann das Leben so nicht einfach und unbeschwert sein. Ich habe immer wieder Angst vor Geistern, Spinnen, Unfällen in meinen Träumen. Vor allem vor den Geistern. Die, die mich jagen und fangen wollen. Die, die ich fühlen kann. Sie jagen mich hinaus aus den Träumen in das Leben und lassen mich hier manchmal zu hart sein und respektlos und ungerecht. Sie sind kein Korrelativ. Sie töten. Weil sie in mir sind. Und sie aktivieren sich über die Träume. Sie scharren und zerren und graben an mir. Sie sind kalt und hässlich und sie tun mir weh. Und sie klammern sich an mich und wollen mit hinaus in die Welt. Ich kann sie an meinen Körper heften und dort halten, damit sie meist nihil sind, wenn ich aufwache. Sie dürfen aber nicht in meinen Kopf, Körper und Geist. Denn dort gehen sie mit hindurch und tun mir weh. Viel zu viele sind bereits dort hindurch. Sie sitzen dort und warten auf die Nacht. Und wenn sie mich dann verlassen, dann rauben sie mir meinen Lebensmut. Sie klammern sich an ihn wie die Wespe an den Nektar, um sich zu berauschen.

Immer dann, wenn ich im Traum schreie, dann ist es zu viel. Ihr seid zu viel, zu grausam, zu nah und real. Zu erschreckend. Ihr fasst mich an, ihr Geister und Spinnen. Ich habe solche Angst!

Und bin froh, dass mich meine Seele befreit. Mein Stern, der über mich wacht. Meine Sonne, die stets da ist und mich einhüllt mit ihrer Wärme, die sie abzugeben hat. Sie holt mich heraus aus allen Albträumen und steht mir bei und hält mich ganz fest.

Und das ist es, was mich leben lässt. Das ist meine Liebe! Niemals zuvor kannte ich Liebe. Und niemals, wie sie ist.

XXXVII

For Lisa

I have a dream evil had tonight
contained my madness and stupidity
of never loving you;
heart help me to wonder
help me go under – you

Oh Lisa, thanks to Lisa
Lisa thanks to you
Lisa thanks for loving
Lisa I loved you so.

Oh Lisa, thanks for hugging
Lisa thanks for screaming
Lisa thanks for giving
me this evil dream.

Lisa – ist noch immer mein Leben. Und noch immer mein Albtraum. Diese wundervoll zarte Fee, die mir meine Seele zerfraß. Du, das Blut, das mir aus dem Körper rann, aus jeder Pore. Dieses Tiefrote, dickflüssige, nach Eisen riechende. Es war das Herzensblut. Mein wertvollster Saft.

Ich danke dir, dass du da warst. Und ich danke dir, dass du gingst. Du hast mich belebt, so lange es gut war. Und nun bist du noch immer bei mir, ohne dass du bei mir bist. Genau so belebst du mich für immer, immer wieder neu. Du lebst in mir für immer in betörender Art, nur durch deinen Tod. Ich danke dir, Lisa!

Lisa unglaublich. Eine Erscheinung. Was für eine Erscheinung. Noch nie hatte ich jemals warten können auch nur noch eine Minute länger auf unseren richtig versauten Cocktail. Und du auch nicht. Wir haben uns überströmt. Immer und immer wieder. Jeden Zentimeter. Und in jeder Tiefe. Bis es wund war. Bis uns unsere Sprache verlassen hat. Bis wir uns stumm waren.

Stumm waren wir uns. Oh je, Lisa.
Lisa, oh je.
Niemals hätte ich gedacht, dass wir uns tatsächlich verlieren. Für immer.
Dass für immer ein Winter wird. Wir waren uns so nah. Und als wir uns hatten haben wir uns dahingegeben. Und wussten es. Es wird ein Abschied für immer sein. Ein Abschied für immer.

Und dennoch denke ich an dich. Ich denke an dich so oft. So oft wie es ein Abschied für immer war.

Ich nehme dich mit ins Grab. Als meine Orchidee. Als wundervolle tote Rose.
Und jetzt lasse ich dich.

Lasse ich dich.

Lasse ich dich los.

Für immer.
Orchidee.

XXXVIII

Taten und Gedanken

Heute schreiben wir den Tag,
an dem ich mein Leben noch einmal änder.
Es sei getan, um mich alleine zu retten,
von dir, für mich, für andere.

Ich habe dir alles gegeben,
teilweise hast du es nicht erkannt,
ignoriert oder schon längst vergessen.

Ich meine alle Stunden,
in denen ich es ernst gemeint,
all die vielen Dinge,
abgelesen von deinen Augen, umsonst vertan.

Ich dachte, du wärest anders,
ich denke, ich habe mich getäuscht,
du hast mich enttäuscht.

Du wolltest meine Liebe,
als Lektion allein für dich,
und alles, was ich mitbrachte,
hast du dir genommen, mir genommen,
erst leise, dann geraubt.

Du präsentierst dich vor den andern
hältst du mich für dumm?
Du baust auf meine Gnade,
und heuchelst in mein Ohr.

Ich muss mich von dir trennen,
ich setz mein Leben nicht aufs Spiel,
du bist doch wie die andern
für mich zählt noch so viel.

Ich geh jetzt meine Wege,
und betrüg dich weiterhin
ich lüge ohne Ende,
ich nehme dich als Beispiel hin.

Enttäuschung macht die Runde,
auf Deutsch: du kannst mich mal!
Wir werden damit leben,
weil ich noch schlimmer bin.

Du solltest aber wissen,
ich hab dich doll geliebt.
Du hast das Netz zerrissen,
das ich allein gewebt.

Realität ist immer da, wo

Immer dann, wenn
ein kleiner Junge,
auf der Straße
auf den Weg nach Haus
von einer Bombe zerrissen wird,
ist ein Leben aus.

Öfter mal, wenn
der Mond,
am Horizont,
der mitten in der Nacht hell scheint,
auf die Erde stürzt,
ist ein Traum vorbei.

Gerade weil,
ein Mädchen,
das ihn wirklich liebt,
ihm nachläuft und ihn ruft,
dreht er sich nicht mehr um,
bringt er sich deshalb um,
ist eine Liebe aus.

Scheinbar – bin ich ganz klein.

Du trittst mich. Du schlägst mich. Du bist meine Hydra. Du
verbrauchst mich und kennst mich dann nicht mehr. Erst schlägst du
mir deine Beine um den Hals, du eskalierst, wie Butter, die schmilzt.
Dann würgen deine Hände mich.
 Es war so ein Sommer. So ein Hochgefühl. Du süßes kleines
Ding. Du hast mich nektarisiert mit deiner Blüte und diesem
unendlichen Flacon deiner Lust. Wir waren ein Kissen, eine
wunderbare Gewalt. Ein Strom, ein Fluss. Der Rhein. Das Taubertal.
Wir haben uns dem verweigert!
Und sind daran darin verstorben.

 Eiskristalle. Blieben lediglich. So ein kalter Schnee im Sommer.
Gefrorenes Blut und dieser kalte Morgen riecht nach frisch
gemähtem Gras. Und ich bin so allein.

 Ich habe dich verloren. Meine Nähe so ganz. Du mein Salz. Du
meine Erde. Mein Feuer. Mein Taubertal. Und du schmecktest wie
eine Welt. Wir waren so kurz so lang so intensiv so verdorben so
unglaublich.

 Und nun lebe ich ohne dich. Später sah ich dieses Taubertal.
Und ich fühlte kurz noch einmal deinen Körper und deine Sehnsucht.
 Es war mir genug. Und dennoch nicht. Es war dir zu wenig. Und
dennoch zu viel. Wie zwei Minotauren. Diese unendliche Kraft. Und
wie die kleinsten Kinder. Dieses unbeschwerte Spiel. Wir tanzten im
Regen, jeden Tag und sahen den Tau auf unserer Haut. Das Dilemma
zugleich, die Kraft des Ungeraden und des fehlenden
Gleichgewichts. Die Absurdität unseres Tuns.

 Jeder von uns beiden war ganz klein. Jeder für sich. Wir dachten
zusammen nie. Wir taten nur. Wir redeten. Aber nie. Wir verstanden
uns. Aber wie? Wir berührten uns. Fantasie!
 Und dann sind wir es wieder. Gefesselt und verschlungen. Kein
Versuch mehr, Stattdessen Romeo und Julia. Nicht dieses Eiskalt, für
immer warmer Atem und glühende Haut. Eine Erde, eine Wolke, ein
Einerlei.

 Und dann sehe ich es. Dein Taubertal.

XXXIX

Paranoid

Gerade wird ein Haus zerstampft
egal – es gibt noch mehr davon.
Warum soll ich denn da weinen?

Dann wird ein Tier verseucht
egal – nimm noch mehr davon.
Warum soll ich denn da weinen?

Jetzt wird ein Kind erdolcht
egal – das kommt davon.
Warum soll ich denn da weinen?

Bald läuft mein Mädchen weg
egal – sie läuft davon.
Vielleicht sollt ich da weinen.
Bitte, nimm mich in die Arme,
und sage,
dass ich weinen kann.

Bitte, gib mir eine Träne,
so groß wie ein Krokodil,
die ich dann fallen lasse,
Dir mitten in den Schoß.

Träne – so traurig, wie ich manchmal bin.
Wir sind die fallenden Gedanken dieser Zeit. Verstörende Ideen und
rastlose Genossen. Wir sorgen uns um uns, unsere Kinder und unsere
Zukunft. Verlassen viele gewohnte Häuser, Kirchen und Museen.
Wir schützen uns und unsere Gedanken. Entwickeln Ideen. Denken
Strategien. Injizieren Hilfe.

Bitte helft mir!

Wenn ich denke und tägliches schaffe und baue und mich bewege
und atme und fortschreite auf dieser Welt bin ich stets allein. Ich
suche und forsche und schaue um jede Ecke und in jedes finstere
Gemach, nach einer helfenden Hand, einem guten Wort, einer
herzlichen Umarmung, einem Zuspruch oder wenigstens einem
Augenblick. Wo ist jemand für mich da? Wo ist eine Stimme nur für
mich? Wo sind die Menschen, die wir gemeinsam sind? Wo
verstecken sich meine Freunde? Wohin ist meine Familie? Was
passierte mit meinem Herzen? Wenn ich mich dies frage, dann fällt
mir stets eine Träne. Weil euch das Herz fehlt. Weil ihr eure Herzen
nicht spürt und vergessen habt. Meine Träne fällt stets einsam für
mich. Ich bin allein. Ein Leben lang.

Keine Familie. Fernab die Eltern. Ich bewahre sie, so herzlich
wie sie waren. Im Geiste. Geschwister, Brüder und Schwestern. Ich
schaue euch an und dennoch bin ich schwierig. Und ich fasse den
Strauch. Ich bin dankbar, mein Bruder, jetzt sind wir alle ein Baum.
Sehr dankbar für all dies.

Eine Träne. Und viele mehr noch. Ich habe sie vergossen. Schon
vor langer Zeit. Und sie haben mir so weh getan. Ich war so allein.
Und verurteilt. Für das, was ich nie tat. Allein gelassen. Wirklich
ganz allein. Ich war doch euer Sohn. Warum war das so? Warum
klingt dieses Lied so bitter? Warum war euer Refrain so kalt?

Schau in mein Gesicht! Das konntest du nicht!
Mein Vater, mein Vater! Deine Wärme war immer da. Du hast mich
nie gesehen und dennoch ich dich. Du warst mir so fern und dennoch
liebe ich dich …

Für immer.

XL

Lust

Man,
ich würde dich jetzt am liebsten,
so richtig,
ordentlich,
ganz fest,
auch wenn alle dagegen sind,
oder deshalb erst recht,
um es ihnen,
und dir,
zu zeigen,
dich,
so ganz richtig, ordentlich, fest in den Arm nehmen!

Oh man – tatsächlich. Ich liebe dich, wenn du nackt bist. Wenn du so warm bist. Aber nur, wenn du du bist.

Sieh mir in die Augen, Du Fleisch. Ich verabscheue dich. Für das, was du tatest und für das, was du mir warst. Eine Dienerin. Eine Diebin. Eine verpflichtete Braut. Du warst. Und nun bin ich frei. Ich bin frei. Parasitus.

Vergessen werde ich dich nie. Aber immer dich verabscheuen und meinen Hohn und Spott schicken, für alle Zeit noch bis an das Ende aller Tage, in dein verdammtes Grab. Und ich lasse es nicht aus, dich im Traum zu töten und dir eine Dornenkrone auf dein fahles Haupt zu setzen. Du spürst in jeder Faser, dass dein König dich nicht will und du deine Augen verlierst, da dir deine Tränen alle Sehkraft herausspülen und nur eine Leere bleibt. So wie in deinem Herzen. Und in deiner Erinnerung. Doch niemals wird sich diese Oberfläche für immer schließen. Stets wächst eine kleine Saat heraus, die dich erinnert. Und die dich peinigt. Dir deinen Willen raubt und dich zerstört.

Währenddessen schreite ich stets immer weiter weiter. Mittlerweile sehe ich bereits ein Haus, darüber einen wundervollen Regenbogen. Ich bin eingeladen zu bleiben, zu verweilen und ich werde gebraucht. Ich kann in der Nacht träumen. Diese wundervollen Dinge. Und am Tag esse ich den Honig. Und ich sehe Wolken und Sterne und Kinder und dieses unglaubliche Grün. Und ich sehe mich. Ganz klar. Meine Sehnsucht war stets dies.

Siehst du, mein dunkler Engel, ich brauchte dich. Unter deinen pechenen Schwingen verbarg sich dieses Tageslicht. Ich habe es dir genommen. Weil es immer schon meines war.

Nun, du wirst immer blasser. Was geschieht dir, mein Kind? Dein Schwarz wechselt zu Grau. Dein Fleisch wird zu Stein. Dir entgeht dein Atem, dich verlässt dein Schatten und jede Erinnerung.

Kein Arm kann dich nun mehr halten. Du bist nicht.
Du bist nur noch meine Erinnerung.
Ich liebe hasse dich. Wie du mich.
Für immer.

XLI

Schade

Sie sprach mich so direkt an
ich war total verstört
„Du hast jetzt gleich drei Wünsche frei"
mehr hab ich nicht gehört.

Die Gedanken rasten im Kreis herum
ich verlor die Verfassung ganz
„Soll das jetzt ein Scherz sein"
was ist das für ein Glanz?

Die hübsche Fee die riet mir
„sei jetzt mal ein Mann"
„Laber keine Phrasen,
fang zu wünschen an."

Ich wünschte mir ne Insel
mit Wasser drum herum
und eine kleine Palme
als Domizilium.

Mein zweiter Wunsch war Sonne
Genever und nen Gin
und als Krönung aller Gipfel
wünscht ich mich selbst noch hin.

„Und der letzte deiner Wünsche?"
sprach die Fee im Vaterston
„Der soll jetzt auch der Knüller sein,
sonst ist das alles Hohn!"

Mein letzter Wunsch war Liebe
mein Mädchen an der Hand
den Sonnenaufgang anzuschaun
Hand in Hand am Strand.

Ich saß schon zwischen Palmen
und wartete auf dich
als es, auf einmal kalt wurd,
kalt um dich und mich.

Ich werd in meinem Bette wach,
auf dem Tische steht der Gin,
ich weiß warums so kalt war
ich lieg in Badehose drin.

Wünsche – sind dazu da, gewünscht zu werden. Für all die, die glauben, dass es niemals lediglich ein eigenes Geschick ist.

Komm, mein Freund, auf diese Reise. Wir gehen zusammen ein ganz angenehmes Stück. Gib mir dein Gepäck, auf dass ich es trage. So bist du frei für meine Worte und du hast den Blick auf unseren Weg. Schreiten wir beieinander und erzählen uns all dies, was uns so froh sein lässt, wie wir sind. So bleibt diese Nähe, Vertrautheit und Wärme bei uns. Et hoc beatam me amorem denuo. Te cupio!

Sieh dir diesen Himmel an. Jede einzelne Wolke trägt einen meiner Wünsche für immer am Firmament. Wenn ich barfuß durch den warmen Sand laufe betrachte ich sie und habe dieses vertraute Gefühl, Zufriedenheit und Bitterness. Glückseligkeit und Horror. Mein Herz ist rein und hält an bunten Bändern meine Wünschewölkchen fest. Pervenit autem in corde meo de Argonautarum Fabula.

So umschreiten wir diese Insel, mein Freund. Bist du noch an meiner Seite? Zumindest sehe ich deinen Schatten und spüre deine Neugier. Und ich trage weiterhin deine Last. So kannst du vielleicht ein wenig schwimmen und den Hauch des dünnen Windes spüren, der in wenigen Tagen so ein gewaltiges Wetter sein wird. Heute ist er so ein liebliches Feechen, doch dann ist er nur noch das Schwarz. Manus non occides vulnerat. Mors esset bonum.

Dieses weite blaue Meer und seine unzähligen Bewohner laden uns ein, für immer zusammen zu sein. Salze sind diese Kristalle auf unseren Lidern und Lippen. Wir vermissen die Süße nicht bei diesem verführerischen Geschmack. So schön warm ist es hier in diesem Wasser und auf dem Sand. Unter der Sonne. Und so erfrischend ist die Kühle, wenn du tauchst. Hoc harenae calidae. Quod frigus gravis.

Legen wir uns nun hier unter diesen Baum, der Oliven trägt, in den Schatten. Wir sehen hier unsere Wunschwölkchen, die Sonne und das Meer. Wie wunderbar diese Wärme auf der Haut bleibt. Als es soweit ist. Hoc est pulchritudo ineffabilis.

Liber operit …
… und ich einen letzten Blick auf dein Wegegepäck habe …
… darin sind all deine Wünsche.
… nur verstaut. Zusammen gefercht und vergessen.
… warum nur, mein Freund?

Warum ließest du deine Wünsche niemals Wölkchen sein? Sogar ich konnte das. Tincidunt velit.

XLII

Gratwanderung

Ein ewiges hin und her
und ein immerwährendes auf und ab
ein stetes vor und zurück
und ein niemals endendes herauf und herunter.

Und auch dein Leben zieht gar solche Kreise
- ist eine Gratwanderung -
auf einem tödlichen, verwundenden Berg,
auf einem Pfad
auf diesem Grat
nicht breiter als zwei Fuß –
die Augen nur voraus
nie zurück,
dann stürzt du ab!

Niemals eine Rast
nur und immer steil bergan
am Gipfelkreuz –
hast dein Lebenswerke du getan.

Am Grat – und ich grabe nicht und ich suche nicht und ich strebe nicht nach mehr. Ich habe so viel. Ich bin zufrieden. Ich bin sehr glücklich. Man nennt es wohl: in Einklang sein. Wie auch immer sich die Welt verändert und schneller dreht, ich kann so sehr bei mir bleiben.

Mir missfällt euer Tun, ihr Effekthascher, ihr Pseudos, ihr Langeweiler, ihr Social Media Effect Prostituierte. Ich finde euch ätzend, ihr Diskriminierer, ihr Hasser, euch Borderline-Mobber, euch unterentwickelte Frauenfeinde, euch ungeliebte Kinderficker, euch arrogante Kriegsführer und linke Rechte und rechte Linke.

Ihr seid armselige Fleischesser, Tiermörder und Umweltverschmutzer. Arrogantes Pack und Terroristen. Mörder von Frauen, Männern und Kindern. Rechtsradikale Parasiten und linke Terroristen.

Schuld trifft uns selber auch. Tolerieren und akzeptieren wir alle und jeden. Alles und immer. Sklaven sind wir der Quantität und des Einfallsreichtums. Ignoranten jeglicher Gefahr und Verblendete eines jeden Strohfeuers. Wir füttern die Opfer durch und honorieren die Verbrecher. Wir verstoßen die Idealisten und opfern den Golems. Uns ist nichts mehr heilig und alles vollkommen. Unser Herz schlägt nicht mehr blutig in unserer Brust. Es liegt staubtrocken in unserer Hand.

Ich sehe euch. Ich sauge jede Information und jede Nachricht auf. Ich beobachte euch und dieses Treiben. Ich kommuniziere und ich wäge ab. Ich denke sehr scharf nach. Und blicke auf jegliche Art in diese Welt. Und ich schärfe mein Schwert. Und ich sammle Vergebung. Ein Blick schon auf Täter und Opfer. Subjektiv. Ja, so sehr. Subjektiv. Ist nicht der Ehemann dichter am Geschehen einer Untat an seiner Familie als der Paragraf? Ist nicht ein durstiges Kind dichter am Recht, zu leben als die Erlaubnis internationaler Unternehmenskultur? Ist nicht der Atem eines Tieres mehr wert als sein wegen Überproduktion weggeworfenes Fleisch? Sind nicht diese Menschen wertvoll, die sich um all das Wohl und Gesundheit, um ihre Kinder, um ein Zusammensein, um ein ausgewogenes Verhältnis der Ressourcen und um ein gelingendes Miteinander sorgen?

Ich hasse euch! Und das wird sich auch niemals ändern. Ich schaue, dass ich für mich nichts Verwerfliches tue und dieses auch niemals bin. Ich höre mein Herz. Ich lebe mit euch. Und all diesem. Ich bin nun mal hier.

Und ich vertraue auf das Absolutum. Bis dahin tue ich mein Lebenswerk.

XLIII

Magie

Nachdem du jetzt bereits
auf den tiefsten Grund
meiner Seele
geschaut hast

kennst du seinen Kern

Nachdem du jetzt bereits
in das Entfernteste
seiner Vergangenheit
geschaut hast

kennst du seine Angst

Nachdem du jetzt bereits
das wärmste Feuer
in seinem Herzen
entfacht hast
- Magie geschafft hast

kennst du seine Liebe zu dir.

Wie ein Vogel – fliege ich.

Zumindest denke ich das. Frei wie ein Vogel. Ist der Vogel wirklich
frei? Vor allem – frei von was? Muss er nicht tagtäglich nach der
Nahrung suchen, sich in Sicherheit bringen? Wird er nicht immer
wieder weggescheucht?
Ich fliege. Raus. Aus den verschiedenen Situationen. Aus mir
verhassten Räumen. Und dann sehe ich alles aus der
Vogelperspektive. Wie klein und nichtig das alles ist. Nur ein
Haschen nach Wind. Vielleicht manchmal mehr. Und ganz selten
unfassbar großartig.

Ich fliege. Ich fliehe. Ich flehe.
Ich.

Ich sehe nun dich. Ich war verletzlich und suchte etwas wie dich. Ich
verstehe nicht, was du warst und was du nun sagst. Machst mich zum
Golem und denkst dich zur Marionette. War ich dir wirklich zu nah,
zu wenig nah? Warum warst du niemals ehrlich du wunderbares
Weib?

Wir hatten diesen Sommer. Und liebten uns nicht. Ich hatte deinen
Körper. Und war so sehr enttäuscht. Du warst wie du bist. Und ich
lächelte und ging.

Das hast du niemals verkraftet.
Du enttäuschtes Weib.
Du enttäuschtest, Weib!

XLIV

Kann er schlafen

Kannst du glauben ...
die Worte, die ich sag?
Manchmal so schwierig und verworren
bedeuten nur, dass ich dich mag.

Kannst du sehen ...
die Bilder, die ich denk?
Manchmal verzweifelte Versuche
drücken aus, was ich dir schenk.

Kannst du fühlen ...
die Sicherheit, die du mir gibst?
Manchmal verlorene Floskeln
eines Narren, den du liebst?

Und glaubst du mir,
dass alles wahr ist, was ich sag
und siehst du auch,
dass meine Träume sind die Angst,
und fühlst du es,
wie ich es fühlen kann?
Dann kauf ihn dir samt Herz und Geist
den Narren „Sonderbar",
und nimm ihn hin so wie er ist
weil er dich braucht und so vermisst
- in deinen Armen schläft er ein
und wacht erst auf, wenn er gehen muss.

Du kannst sehen – aber es packt dich, wenn du schlafen willst.

Zumindest denke ich das. So sehr lange. Wirfst du mir vor, eine Marionette gewesen zu sein. Das kann ich nicht verstehen. Widerstrebe dir.

Ich gab dir eine Freiheit, zumindest dachte ich das.
Unity Valküre, geleckt warst du leise – wie konntest du nur so grausam sein. Und ich auch.

Gegeben und immer mit ganz reinem Herzen. Gesprochen und immer mit ganz ehrlicher Zunge. Gedacht und immer mit ganz friedlicher Seele. Vorsichtig. Ich habe nie etwas gewollt. Was es gab, hat sich nicht ergeben. Was es gab, war immer so sanft gewollt. Und unglaublich. Unglaublich, diese kleinen Schritte. Unglaublich, dass wir so immer etwas mehr wurden. Unglaublich, diese Nähe und diese Kleinigkeiten, dieser Respekt und diese ewige Suche nach dieser Haut, diesen Augen, diesem Geschmack und diesem wahnsinnigen Geruch.

Ausbruch. Hast du immer wieder gehabt. Habe ich immer wieder gespürt. Hast mich immer wieder angeschossen. Verwundet. Manchmal lebensgefährlich verletzt. Um dann meinen verwundeten Körper zu umarmen und mir eine göttliche Hilfe zu sein. Mehr zu wollen. Es aber niemals zuzugeben. Wir spielten Schach. Matt war ein jeder. Und fordere Revanche.

Wie wunderbar sind diese Grenzgänge, das Träumen auf himmlischer Wolke und der Fall herab. Dieses Eis am Strand und die Kälte des Herzensblizzards. Unvergessliches Essen, unbegreifbares Küssen, unendliche Körper.
Unglaublicher Schneefall, unfähiges Sprechen, undurchsichtiges Ende.

Marionette – unendliches Elend hast du dieser echten Seele getan. Dosenwürfe auf dem Jahrmarkt des Herzens. Schlimmer noch, als als Hexer verbrannt zu sein. Du hast mich vergast. Du hast mir meine Religion und meinen Glauben gestohlen. Geraubt. Du hast mein Hirn gepfählt und meine Männlichkeit verspeist. Mir auf mein Hirn getreten und die Nerven all meines Körpers verbrannt.

Wir waren uns einig.

Wir waren Bruder und Schwester.

Daher waren wir uns immer so nah.

Daher waren wir uns immer so fern.

XLV

Einsam wird er sterben

Neomond – Spätsommernacht – schwere Luft – Mückenklang

Vergessen und verloren,
der Grashalm ganz zerkaut,
unzählbar viele Stunden,
liegen tief ihm im Gesicht.

Getreten und geschunden,
verzweifelt und verbraucht,
mit seinen blinden Augen,
sucht vergebens er nach Licht.

Blutrot steigt hoch die Sonne
am Firmament empor
gebrochen ward sein Herzen
jetzt lebt der Mann nicht mehr.

Will ich sterben – wenn ich es nur bestimmen könnte. Warum nur nicht, du verdammtes Universum?

Ich will wieder in die Sonne, für immer Ride. Ich nehme jede Welle, ich bin soweit. Ich bin unterpolitisch, aber überemotional. Ich kaufe, was mich sozial high macht, der Rest ist ist mir egal. Ich setze mir die Masken auf, darunter lache ich euch aus.
Ich lege Hand an. Du denkst nach und bist schon tot. Ich bin ein Phantom, in dieser Gesellschaft. Ein Engel, der dich frisst. Ich bin ein Wagnis, in dieser Gefolgschaft. Ein Schimmel, der dich isst.

Ich bin unfassbar, meide meine Nachbarn, essbar ätzend und unglaublich versaut, ich bin sehr verletzend und mit dem Töten sehr vertraut.

Ich liebe mich selbst und sonst gar nichts. Ich hasse dieses Volk, diese Schranzen. Und wenn ich es schon nicht halten kann, dann bekämpfe ich es mit Lanzen. Die schönen Dinge sind in meinem Kopf. In meinem Herzen. Ich halte sie am Schopf. Den restlichen Abschaum und die Fäkalien, die er produziert. Die lass ich dann verrotten. Und ich werde sie bekämpfen, ganz egal, wer dann verliert.

Die Welt sendet mir Verwesung, sie macht mich krank. Via Virus verspricht sie Genesung, wie viele liegen jetzt schon tot blank? Was will ich tun, dem Elend zu entgehn? Wie kann ich frei sein, wenn sie sich an mir vergehn? Wie soll ich leben, wenn es täglich Feuer ist? Wie soll ich nur bei euch sein, wenn es mich frisst?

Einsam werd ich sterben, denn so ist es bestimmt. Meinen Platz wird irgendeiner beerben, ich denke, es ist wieder ein kleines Kind. Und dann dreht es sich, das Rad der Zeit, und macht, was es beliebt. Halte dich bereit!

Ich werde immer weiter da sein, immer weiter Energie. Man kann mich sogar sehen, wenn auch nur ganz klein, denn verlassen kann ich dieses Elend nie. Ich werde weiterhin pieksen und nerven und zerstören, weiterhin trietzen und beerben und zuhören. Ich trinke mit euch, darauf, dass alles endet und darauf, dass mein toter Körper eine Blume sei, eine Blume, die überdauert. Sie muss nicht einmal schön sein. Nur, dass sie euch sagt: es war schon ok. Ich hatte so viel. So viel geschenkt, so viel erlebt, so viel Unglaubliches. So viel Lautes, leises, klares, unverständliches. So viel Begehren, Weitsicht, Chancen, so viel Vielleicht. So viel Verderbliches, Sterben, Elend und Ungerechtigkeit. So viel Ungleichgewicht. So viel Blut. So viele Tote und so viele Bomben. So viele verdorbene Menschen, gelähmte Kindheiten, zerstörte Frauen, resignierende Männer.

Ich bin so müde …

und zum Glück bist du da …

… sonst wollt ich sterben ...

XLVI

Das ist jetzt die ganze Wahrheit

Weich und warm, der Tropfen Tau
am Morgen auf dem Stein zerplatzt.
Träg und matt, ein müder Clown
im Traum zum Tod erschreckt.

Als sich der Horizont mit Licht bedeckt
liegt der Clown noch tief im Schlaf
als der Mond schon untergeht
wird er noch im Traum gejagt.

Er träumt von Tod und Einsamkeit
von Eifersucht und Ängstlichkeit
er fühlt sich hilflos und allein
wo bist du, der ihn wecken kann?

Alle scheint so sehr real
Traum und Wirklichkeit so schnell so gleich
er fängt schon fast gleich zu weinen an
wo bist du, der ihn wecken kann?

Und wacht er auf, ist er ganz wirr
- ein Traum hört niemals plötzlich auf
sein Leben steht ganz kurz ganz still
und vollendet, was im Traum schon war.

Und fällt der Tropfen weich und warm
während die Sonne den Tag erhellt,
dann sind dies die Worte, die der Clown
beim Aufwachen sich erzählt:

Ich weiß, was ich gesehen hab
in meinem düstren Schlafesgrab.
Ich hab so große Angst dich zu verlieren
heute Nachte werde ich ohne dich erfrieren.
Und wach ich auf bin ich so klein
ich kann nicht mehr alleine sein.

Die Wahrheit, die im Träume liegt,
auch am Tage nicht verfliegt.
Die Wahrheit ist, ich brauche dich,
drum sei bei mir und liebe mich!

Hier kommt die Wahrheit – und sie bohrt sich tief ein, sie zerbombt das Hirn und zerstört das Herz. Sie ist penetrant und will ein böser Junge sein. Ein solcher, der dir das Gesicht mit einem Messer zerstört, ein solcher, der dir bei einem Brunch unter Freunden die Eingeweide herausschneidet. Ein solcher Junge, der dir die Beine bricht. Der dir die Bauchdecke aufschneidet. Ein böser Junge, der dich ruft und du folgst.

Du folgst ihm bedingungslos. Auf Schritt und Tritt. Du sehnst dich nach ihm. Nach seinem Geruch. Nach seinem Habitus.
Du willst ER sein.
Du willst es fühlen. Du willst es auch erleben. Du willst es auch haben und sein.
Dann sei bereit für die Wahrheit. Sei bereit für einen bitteren Trost. Für eine verstörende Wirklichkeit. Und schau mir in die Augen, du verdammte Schlampe.

Sieh die Realität, sieh die Zeit und sieh die endlose Offerte. Die dich täglich zerstört. Wie sie deine Seele tränen lassen, die dich nicht verstehen. Die, die dich im Himmel verstossen. Die, dich am heiligsten Ort verdammen. Die, die dich für immer von dieser Oberfläche löschen. Die, die dich ungefragt in das Krematorium legen und dir zuschaun. Wie du verbrennst. Wie du zu Papyrus zerstäubst. Wie du Energie wirst, die für immer verurteilt, da sein wird.

Dieser Schlaf wird dich töten. Denn du bist verdammt. Dieser Schlaf gehört verboten. Denn er ist so lange schon bekannt.

Dieser Schlaf wurde verurteilt und als Hexenwerk verbannt.

Dieser Schlaf wurde geviertelt und als psychischer Defekt benannt.

Liege ich hier...

... in dieser Erde.

Ich sehe euch.

Zum ersten Mal ist es wirklich warm und kalt. Und exakt.

Unglaublich. Es stimmt. Ich bin Energie und kann mich entscheiden.

Ich gehe. Und entscheide.

Sofort.

Du warst immer da. Immer für mich da. Du hast mich geleitet. Hast mich getragen. Hast mich gehalten.

Bin ich ...

Energie ...

...

XLVII

R i p

Eltern – ich bin stolz auf eure Taten
ich bin stolz auf euer Tun.
Ihr seid schlimmer als die Tiere
doch von heut an sollt ihr ruhn.

Eltern – ihr macht euch selbst zu Sklaven
verbietet Dinge, die ihr selber macht.
Soll ich noch deutlicher werden
sie haben alle schon über euch gelacht.

Eltern – ihr wart immer schon die Gleichen
ich hab ein Heer, das gegen euch steht.
Sie warten nur auf mein Zeichen
damit ihr endlich untergeht!

Eltern – das hier sind die letzten Worte
für mich seid ihr nur Hohn.
An euch verschwende ich keinen Gedanken
ich bin nicht mehr euer Sohn!

Und immer liebte ich euch – und bin für Immer euer Sohn.
Seht es auch anders. Saht es so. Nun trage ich für immer beiderlei
Gefühl.
Warum kann ein Berg kein Fluss sein? Warum ein Baum kein
Apfel? Warum ein Mensch nicht mehr als ein Mensch? Wo sind die
Verbündeten meines Herzens nur immer gewesen? Ich dachte immer,
die aufrichtigen Geister wären auf meiner Seite. Ich dachte immer,
ich sei ein Berg. Und wenn es sein muss, dann bin ich ein Fluss.

Betrachte ich euch – meine Eltern – dann sah ich immer den Berg und den Fluss. Ich stieg hinauf und ich lieh mir ein Boot. Ich schritt solange hinauf und schwamm unentwegt.

Ich war da. Es war nicht leicht. Es gab diese Grenzen und ich nahm Platz in dieser Achterbahn. Warum habt ihr mir so sehr weh getan, so oft, so sehr?

Ich hätte mir einen gemeinsamen Herbst und Winter gewünscht. Unter Decken, warm, gemeinsam und schön. Zusammen aus dem Fenster schauen und die fallenden Blätter und den Schnee sehen. Ein schönes Frühstück und einen unglaublichen Grill am Abend.

„Mama, schau, das habe ich geschafft. Papa, höre mal, was ich neu kann." Das sagte ich doch. Oder nicht? Warum so taub?

Unser Leben konnte nicht sein. Das ist fürchterlich und erschreckend. So sehen wir uns, hoffentlich, wieder. Und sind wir bereit uns dann gegenüber zu stehen. Zu vergeben. Zusammen zu gehen. Uns zu sagen, dass wir ein Leib sind. Ich kann es und ich bin mir so sicher, dass es du, Gegenüber, auch kannst. Daher schrieb ich kein Fragezeichen, denn ich schrieb meine Hoffnung.

Zeigen wir uns nun, was wir uns nicht sagen konnten. Spüren wir jetzt, was wir uns angetan. Hören wir genau nun zu und blicken gemeinsam zurück durch die Zeit. Wir blicken über unsere Schultern, zeitstill gemeinsam, wieder in diesen Auen bergab. Hier treffen wir uns nun für immer wieder, dort wo wir schon immer sind. Nun aber gemeinsam. Es ist kein Schmerz und kein Leid. Endlich können wir uns sehen und hören und spüren. Endlich sind wir dieses Gespann. Diese rechte und linke Hand. Vater, Mutter, Sohn und Tochter.

Währenddessen zieht ein Sturm auf. Auch hier. Wie immer.

Ich richte diese Gedanken auf euch und stelle mir den Wind vor, der all das Gute zu euch trägt. Der uns verewigt und unglaublich riecht. Gurke und Limette. So riechen meine Gedanken. Sie schmecken aber wie nie zuvor geschmeckt.

Ich sehe, dass sie euch erreichen. Ich höre, wie der Wind euch trifft. Ich spüre euer Lächeln. Und ich lächel noch einmal zurück.

Und ich hatte nichts. Keinen Herbst und Winter mit euch.

XLVIII

Alles was man kaputt machen kann

Ich gestehe –
alles was ihr wollt!
Nehmt mir meine Fesseln ab
oder ich nehm euch alle mit ins Grab.

Ich laufe –
vor euch allen weg!
Geht aus meinem Leben raus
sonst reiß ich euern Verstand heraus.

Ich hab so viel von euch gelernt –
dass Engel trifft ein Todesblitz
dass Gerechtigkeit ist bloß ein Witz
dass euer Leben bloß ist Neid
Dass Haß herrscht bis in Ewigkeit.
Wenn es doch so einfach ist
was ist es dann, was ihr vermisst?
Eigentlich ists schade drum –
doch bringt euch mal schön selber um.

Ich gestehe –
alles was du willst!
Nimm mir meine Fesseln ab
ich will noch lange nicht ins Grab.

Ich laufe –
immer zu dir hin!
Ich weiß nicht, ich glaub du hasts gemacht
dass der Harlekin jetzt öfter lacht.

Ich hab so viel von dir gelernt –
dass jeder seinen Engel hat
dass vieles steht in meiner Hand
dass noch viel mehr möglich ist,

wie es ist wenn man vermisst
dass Träume bringen Eifersucht
von der ich vorher nie gewusst.

Alles scheint so schön zu sein
ich wär so gern mit dir allein
dann fang ich laut zu lachen an
weil ich wieder lachen kann.
Den andern sag ich ohne Witz
grad in die höchsten Bäume schlägt der Blitz
und aus dem tiefsten dunklen Moor
dringt ganz leise an dein Ohr:
das Echo hallend ewiglich:
Verdammt noch mal – ich lieb nur dich!

Nun liege ich hier im Grab – Wie auch immer. Du wirst mich hier nicht finden.
Denn ich bin nicht nur Erde. Ich sehe immer noch meine Phantasie, meine Ideen. Ich spüre meine Kraft und meine Energie. Ich schaffe nun endlich so viel. Ich bin stark und verstehe es zu tun. Wind und Wetter und Regen und Schnee, ein Sturm und auch ein Orkan treibt mich an. Ich sehe nun endlich, ein klarer Blick. Bitte, sei bei mir, ich erwünsche dich.
Niemals sollte ich dieses tun. Denn mein Wunsch ist eine Verdammnis. Und im Tod mein einziger Gedanke. Auf eine Gebetsmühle gespannt erscheint er immer wieder. Und projiziert diese Bilder, so dass meine Netzhaut verglüht. Ich höre noch immer. Und sehe. Und denke. Darum ist es noch da.
Aber ich werde niemals mehr fühlen. Und darum bin ich nicht zu finden. Nur noch diese Fratze, die dich im dunklen Keller erschreckt.

Und dennoch ist es Liebe. Eine Liebe, die mich verspeist. Mit scharfen und spitzen Zähnen. Oh weh, diese Toleranz ist göttlich. Dachte nie: wo kommt das denn her oder könnte das sein? Wohlgefühl, ein so herrlicher Garten. Und ich warte plötzlich gerne oder gehe voraus. Oder sitze und denke mir ein Malbuch der Sinne aus. Und ich bin so gerne hier und dort, die Hauptsache ist die Nähe. Stets kann ich zurückkehren, immerzu. Und ich kann liegen und bin bedeckt und benötige niemals ein Grab für dies immerwährende Gutsein und diese Herzenswärme. Für diesen Gleichschritt und diese Adler im Kopf. Für diese Kotwelt und diese Unterhumanoiden und diese schrecklichen Geisteskranken um mich herum. Die ich vielleicht selbst bin.

Schon lange hat mich mein Engel an die Hand genommen. Und mit dem wahren Lauf des Daseins begonnen. Du bist der wahre Freund und Teufel. Erst trugst du mich, warst Beschützer an meiner Seite, ein Ritter der sein Blut gab. Immer hast du geschaut nach meiner Mutter und nach meinem Vater. Nach meinen Menschen, nach allem was mir gut war. Dann hast du mich gepiesackt, gezogen und angetrieben. Meine Hand fester in deine gelegt. Und mir tief in die Augen geschaut. So dass ich mich wirklich sehen konnte. Wer auch immer ich war oder nicht oder sein wollte, der feste Griff war immer da und göttlich. Und stets gab der Schlag deiner Flügel mir frischen Wind. Unglaubliche Wolken und Erden ließest du mich sehen, mit deiner Sicherheit an meiner schwachen Seite. Glorreich und unglaublich, erfolgreich und tröstend, wenn nicht, war dein Wort. Niemals ließ deine Hand los und niemals verstummten deine Worte und niemals war mein Herz so süß wie eine Beere.

Nun schauen wir uns langsam anders in die Augen. Unsere Freundschaft ist so endlos tief, dass wir uns ohne Worte verstehen. Danke, dass du deine Flügel über mich legst. Um meine Worte dennoch einmal zu hören. Ich habe die Sense gesehen, die du im Gewande versteckst. Und mich hast sehen lassen, damit ich verstehe. Du hältst mich immer noch, unglaublich fest.

Auch wenn ich gehe. Mein Engel hatte mich schon immer an die Hand genommen. So sehr fest.

XLIX

Ohne Fesseln laufe ich, meine Liebe – das war zumindest mein Wunsch

Wir sind wie Feuer, wie Feuer und Eis,
wir töten uns gemeinsam, dann sind wir wieder Eins.
Wir saugen uns die Seelen aus und heulen unsere Namen,
wir vergeben uns den Masochismus für ein plumpes Amen.
Ich rieche deine Seele und auch deinen Verstand,
ich vergeb dir deine Dummheit und dein Herz, das ich niemals bei
dir fand.
Vergiss niemals die Geilheit und diesen Atem,
denn du wirst von nun an nur noch Liebe raten.

Ich bin bei dir, jede Nacht.
Das hättest du wohl nicht gedacht.
Ich schaue in dein Fenster.
Ich und einige deiner Freunde sind Gespenster.
Wir sind nun jede Nacht in deinem Bett.
Glaub mir, wir behandeln dich schon nett.
Ich will nur hinein in deine Seele,
auf dass ich dich für immer quäle.
Natürlich bin ich gewaltsam,
daher töte ich dich ganz langsam.
Ich greife mir dein Herz und deinen Atem,
verschlungen können wir deinen Tot erwarten.
Schon sehe ich wie deine Haut sich bläut,
während dieser nächste tiefe Biss dich betäubt.
Ich atme deinen letzten Zug tief ein
und puste dieses Plasma in eine Perle rein.

Für immer mein Schatz,
das bist du, mein süßestes Salz.
Nun.
Natürlich.
Ich trage dich als Perle an meinem Hals.

Solch ein neuer Frühling – Ich rieche seinen Duft bereits, auch wenn es noch schneit. Ich spüre eine seichte Wärme am Rande jeder einzelnen Eisblume. Und ich sauge dieses Presolare auf.

Wohlig warm ist es hier. Nun bin ich mehr als eine Idee. Ich bin und erstaune. Augen, zu sehen einen warmen weichen Umhang. Ohren, zu hören Wachstum und etwas dort, was schon auf mich wartet. Ich strecke mich und spüre meine Familie. Ohne dass ich sie zuvor gekannt. Brüder und Schwestern drücken sich an mich und helfen mir heraus. Meine Eltern schauen stolz auf mich herab. Ich sehe ihre lieblichen Blicke und spüre ihren elterlichen Schutz. Während ich mich strecke und etwas mehr noch genieße, dass es warm und weich ist. Wohlig dieser Geruch zu mir dringt, ein süßes Liebelein. Ich weiß es nicht besser. Und atme es ein. Und rücke wieder ein Stück. Zu sehen, dass dort etwas zu mir kommt. Noch wärmer. Ich bewege meine bisherige Wohltat etwas. Nur ein kleines Stück. Und nun wächst eine Sehnsucht. Und so ein wundervolles Leben. Ich bin.

Und treibe mich herum. In den Weiden und Auen. Im Wind hier und dort. Durch die Felder und die Städte. Durch allerlei Gewirr. Ich werde verweht in so manches unverständliche Gewirr und so manches turbulente Unverständliche. Ich traue meinen Augen kaum und kann es sehen und dennoch nicht. Ich kann so vieles hören und dennoch nicht. Welch eine wundervolle Welt, durch die ich schwebe. Durch die ich fliegen kann und die ich atmen darf. Glucosiere ich so sehr. Bienen und Blumen lieben mich und leben an mir. Und nähren sich an meinem Grün. Unvorstellbares Glück, dass ich nun hier bin und diesen Sommer einatmen darf. Dass mir ein solches Glück gegönnt sein kann.

Oh, was spüren meine Sinne? Wachstum erneut. Und noch mehr. Mehr als ich je erwartet. Es ist die Mitte und ich woge mich in der Sommersonne. Diese Wärme ist ein Absolutum und kerbt mich. Ein wenig. Sie verleiht mir einen Teint, mir und meinem Geist. Ich kräusel mein Äußeres ihr entgegen und neige mein Haupt, zu sehen, aber ob ihrer Anmut nicht zu vergehen. Wie warm ist diese Sonne. Sie blüht mir meine Taschen auf, gibt mich weiter. Ich darf mehr als ich sein kann. Ein Samen. Gerne auch mehr. Wie ich sehe: ich bin so viel mehr als ich. Und nun noch länger da.

Während ich wachse und hier und da etwas vermute. Während ich so glücklich bin und immer wieder in diesen wundervollen Himmel blicke. Und meine Hände diesen Acker fühlen dürfen und meine Füße diesen Sand. Während ich so sehnsüchtig bei mir selbst bin. Und bei euch. Bei euch. Bei meinen Herzbrüdern und Herzschwestern. So sehr ist die Sonne immer das. Zumindest im Sommer. Und im Winter der Schnee. Ich bette mich mittlerweile je nach Gemach. Sieh mal kurz hin. Und immer noch bin ich ein Freund dieser Welt und ein Freund dieses Baumes.

Auch während ich gehe.
Ein welkes Blatt fällt vom Baum herab.

L

Eifersucht und Unvernunft

Heute ist es wieder mal so weit
ich tausche Träume gegen Realitäten
bis heute dacht ich immer noch
mir könnte so was nicht passiern.

Ich geb dir meine Seele preis
in vielen schlaflosen Nächten
doch weiß ich nicht mehr zu unterscheiden
zwischen Träumen und Realitäten.

Die Nacht wird zu einem Trugbild mir:
Du scheinst mich zu verletzten –
bis heut dacht ich immer noch
mir könnte so was nicht passiern.

Ich geb dir meine Eifersucht preis
in tausend unbegründeten Taten
doch alles was ich denk und träum
ist in Wirklichkeit anders zu verstehn.

Mein Traum, der zeigt mir ganz genau,
dass ich alles respektiere.
Freiheiten kann man sich nicht nehmen
die müssen andre einem geben.

Erschreckend aber für mich ist
allmorgendliches Durcheinander
der dumme Junge träumte immer
ihm könnte so was nie passiern.

Entscheidend aber für mich ist
der Tag, an dem ich's dir erzähl.
Erklärung bringst du über mich
du weißt schon was ich sagen will:

Ich weiß – heut kann mir so was nicht passiern
weg mit Eifersucht und Unvernunft.
Du weißt – ob Tag ob Traum, ich liebe dich
doch wünsch ich dir meine Träume nicht!

Und es ist kein Traum – Ich sehe und höre dennoch immer
wieder dasselbe. Hier und da. Ich bin schon länger hier und horche.
Der Widerhall erinnert mich und wirkt trotzig und schmerzhaft
vertraut. Er ist so sehr ein Immer. Und Immer wieder. Wie eine
Wolke, ein Schatten, ein Zwilling. Immer mehr wächst dieses
Vertrauen in dieses ferne Wo. Tagtäglich lehnt dieser Bursche an
meiner Schulter und mittlerweile kommuniziert er mit mir. Wie auch
immer. Ich sehe immer mehr den fatalen Umstand und die
Ausweglosigkeit dieser Welt. Prüft das ruhig und analysiert und
programmiert euch zu Tode. Immer mehr höre ich etwas ab. Und
wachse daran. Nicht hier. Das gönne ich dieser Welt nicht. Ich
erwähne sie nicht einmal in meinen zukünftigen Dimensionen.
Dieser Planet war schön und ist es nicht schuld. Aber es waren diese
Menschen, diese Larven, die sich glücklicherweise nun selbst
vernichten. Die über sich herfallen. Heute saugen sie sich aus.
Morgen nehmen sie sich ihre Körper. Und dann löschen sie sich
aus. Wie auf dem Mond, erneut für immer. Aber nicht, wie immer,
kommt dann eine neue Chance.

Nun, geneigter Leser, wie sehr bin ich dir nahe damit? Hast du Angst vor dir oder der Zukunft? Vor dem, was vielleicht morgen geschieht? Vor dem, was deine geliebten Menschen dir antun? Vor dem, was dir und deinen Liebsten geschieht? Vor dem, was aus dir wird? Vor einer Krankheit oder einem Gebrechen? Gerne ergänze das. Bitte nicht.

Und nun, geneigter Leser, wie sehr bin ich dir damit fern? Dass es einen Plan gibt!

Höre hinein in deine Seele und deine Brust. Immer mehr wird es. Immer mehr Schmerz. Immer mehr denkst du an deinen Tod. Und fühlst ihn näherkommen. Immer mehr auch eine Befreiung. Immer mehr auch Trost. Verdammte Seele. Nur. Immer wieder verhinderst du, dass ich es tue. Und du mich eh aufsammelst und wegsteckst und vergisst.

Schau der Tag und der Traum. Es schmerzt so sehr. Und dann verliert es sich und verstummt. Für immer. Es wird ein Stein. Und liegt dort. Dort. Und liegt dort für immer. Es war und ist und bleibt. Wir sind so wunderbar unglaublich und nicht von Bedeutung. Wir sind nur ein Aspekt. Wir sind eine Ameise. Wir sind ein angenehmer Traum. Warum sonst schlafen wir so gut ein? Wachen wir denn dort auf, wo wir eingeschlafen sind? Ist es so, nur weil du heute noch weisst, wo gestern deine Socken gelegen haben?

Ich sehe nun nichts mehr. Ich bin verdammt. Und wie schön ist das.

Ich bleibe trotzdem, da bin ich sicher. Ich sitze in jeder zukünftigen Faser, ob ihr wollt oder nicht. In eurem Hirn, wie ein Wurm. Ich bin für immer da.

Was für ein Leben. Solch eine Süße. Solch ein Unverständnis, tagein tagaus. So unglaublich. Bin ich dennoch gerettet. Aus so einem Sumpf. Und wurde gefunden, verletzt, angeschlagen. Wie sehr ich dankbar bin, überlebt zu haben. Wie dankbar ich bin. Dieser Frau. Meiner Frau.

LI

Ich will kein Rad im Getriebe sein

Ich bin es so leid –
das dauernde Frontenwechseln müssen
keiner gibt sich so wie er ist
und tut er's doch so ist er raus.

Ich bin es so leid –
das tägliche Heucheln müssen
jeder denkt er steht im Rampenlicht
und fällt er auf so ist er aus.

Ich bin es so leid –
das ewige Misstrauensspiel
alle denken, dass ich was schlechtes will
und mach ich Fehler fall ich auf.

Ich bin es so leid –
das „was-sollen-die-Nachbarn-denken"-Geschwätz
Clowns, die ihr Leben in Fenstern verbringen
und passiert mal nichts dann sind sie tot.

Ich bin es so leid –
ich möchte endlich frei sein.
Ich bin es so leid –
warum gebt ihr nicht zu, dass es euch genauso geht?

Ich bin es so unendlich leid –
und doch mach ich mit.
Was soll ich denn auch anders tun?
Ich habe niergends niemehr niemals Ruh
stellt das Spiel für Minuten einmal still
und ich sag euch wer ich wirklich bin
und ich zeig euch was ich wirklich will.

Immer wieder bin ich dieses Rad – Merke immer mehr, dass ich gar keine Rolle spiele. Bin lediglich hier. Und halte mich und euch aus. Vergesse, während ich es höre und werde immer mehr noch blind.

Immerzu, wenn ich mich so fühle, verliere ich einen Teil von mir. Immer wieder, wenn ich euch nachstelle, werde ich mir sicherer. Werde ich mir so sehr sicherer.

Ich kann euch nur nicht lieben. Ich verabscheue und missliebe euch. Ich bin voller Nacht, weil mich immer mehr Unrat in diesen völligen Fall treibt. Weil ich mich hielt an ein Stück faules Fleisch, als es mich wegriss.

Während ich sterbe, sterbe ich hier. Es sind eure Räder. Eure Ideen. Immer wieder sehe ich hinab und erblicke ein Feuer. Eine lodernde Gefangenschaft und eine eiserne Mauer. Immer wieder trennt mich ein Meer vom gelobten Land und bricht mir ein neuerlicher Gedanke meinen Verstand. Niemals so alleine, während meine Eltern da waren. Niemals so alleine, während meine Geschwister da waren. Niemals so alleine, während ihr alle da wart. Danach niemals mehr so alleine. Weil ich euch vergessen hab. Weil ich euch verworfen hab. Weil ich euch in einem unendlichen, grausamen und heiligen Schlaf zuerst vergessen, dann verloren und entwöhnt habe. Als wäre ich woanders alleine geboren. Vielleicht so schön an einem Strand. Oder unter Wasser. Oder unter Sand, in einem Stein, in einem Vulkan, auf einem anderen Planeten. Hauptsache ich bin alleine und es ist leise. Und Ich bin sehr bei mir.

So bin ich nun frei. Ich kann mich sehen. Ich fühle jede Zelle und verstehe all meine Gedanken und jeden einzelnen Traum.

Wie so sehr lange ich brauchte. Aber ich sehe euch heute noch immer so, wie ich es mag. Und ich liebe euch. Wie immer es ein missratener Stein wohl mag. Ich halte euch so fest, so sehr ich es kann. Für immer werde ich alles behalten, was immer so wertvoll war. Es waren vielleicht nicht eure Küsse, aber der Handschlag war warm.

Wurde es kalt. Nun für immer. Betrogen. Warum eine solche unermessliche Brandung? Solch eine unverzeihliche Tat? Warum wurde ich gebrandmarkt für das, was zuvor so sehr gewollt? Ich bin verschlungen ab nun, einsam, ich brenne, ich leide, ich kann nie wieder träumen, mir ist so kalt …

und dennoch ist es Liebe. Nun muss ich auf euch warten und weinen.

LII

All I want

Colorado Springs in May
Thunder and lightning end the day
Thousand stars shrink in the mist
Clouds clench to a mighty fist.

Heaven burns and yells a scream
Angels flee with beasty beam
Raindrops soak the earth beneath me
The torrent bawls me to my knee.

At daybreak silence`s back again
The valley lies in a grateful plain
In the midst of it, we lie on the grass
And you adore how great it was.

Sieh zu: was ich will! – Ich bin laut. Und das ganz leise.
Und dann wurde es mein geliebter Herbst.

Ich sehe diese goldenen Blätter, die den Herbst einläuten. Ich
spüre den letzten Hauch des verrinnenden Sommers. Die letzten
Sonnenstrahlen, die mich an den Strand treiben und ein Buffet im
Draussen sein lassen wollen. Ich fühle diese Wärme, wie sie aus
meiner Haut entweicht. Wie sie sich auf den Weg macht, gleich der
Singvögel und meiner innersten Seele, Richtung Süden.

Damit nun die Zeit beginnt, in der du alleine bist und ungeliebt dahinschreitest. In der du blass und arm dein Dasein fristest und verwundet durch alle Wälder dieser Welt irrst und dich deiner armen Gedanken hingibst. Es beginnt nun die Zeit ewiger und unendlicher Einsamkeit. Eine Zeit, in der du mit diesen vielen Bäumen und niederen Gewächsen im Wald so sehr allein bist. Eine leidvolle Zeit, die du verdient hast. Weil du sie genossen hast, musst du sie nun bezahlen. Weil du sie verzehrt hast, musst du sie nun austragen.

Und nun siehe hin, wenn der Winter herbeieilt. Wenn er diesen Wohlfühlherbst mit all diesen kuscheligen Gefühlen, Barbecues, Igeln, Anzeichen. Blätterregen, unnormal schönen Zeiten im Wald, Park und Garten, abartigen Übergangsmoden, Stunden am Strand, Ferien in den Bergen, romantischem Zusammensein, vertreibt.

Er legt sich schneeleise auf uns. Bedeckt die Wälder und Häuser. Es wird kalt. Indem wir mehr herzliche Wärme benötigen, viel mehr auch körperlichen Kontakt. Er legt sich auf unsere Dächer, auf unsere Straßen, auf unser Gemüt. Er überzieht uns mit leisem Hauch und eisiger Kälte. Von nun an.

Ich werde mich sicher töten. Sei nicht erschreckt oder traurig. Denn diese Kälte ertrage ich nicht. Im stillen Kämmerlein. Ja dort tue ich es. Von heute auf morgen. Ich spüre es, wenn es zu viel wird. Vielleicht gibt es bereits Zeichen. So etwas, ich kann es nicht stoppen. So viel Blut, Verletzung, so viel Ungerechtigkeit, so viel Krieg. So viele Menschen. So viele Täter und Kriminelle, so viel Unethik und verlorene Moral. So viel falsche Religion. So wenig Gott, so wenig wahres Verständnis. So wenig Zweisamkeit und kuschelige Harmonie. So wenig von all dem, was ich so sehr liebe. Zu kalt und zu verschneit ist all meine gute Energie, die ich hatte.

Et tamen victoria erit. Aliquid magnum. Ich liebe diesen winterlichen Geruch. Diese Kälte aber nicht. Ich verstecke mich immer wieder. Unter Decken. Unter dir, meine Frau. Du bist sicherlich das beste Versteck. Und du hältst mich so fest. Ich liebe dich so sehr. Niemals konnte ich es so sehr zeigen. Weil ich immer zu wenig war.

Nun liege ich hier. Und sehe in den Himmel. Ich denke an diese Sommer und an dich. Ich liebe dich, mein kleines Baby.

Und verblute hier auf dem Asphalt

LIII

Der Mensch (die Krone der Schöpfung – das Schwein)?

Vorgestern hat der Mensch alle Gefühlsschwächen gelöst:
Er hat die Liebe abgeschafft
Aber ich vergieße keine Träne!

Gestern hat der Mensch alles Leiden gelöst:
Er hat den Tod abgeschafft
Aber ich vergieße keine Träne!

Heute hat der Mensch alle Glaubensfragen gelöst:
Er hat Gott abgeschafft
Aber ich vergieße keine Träne!

Bereits heute beginne ich allerdings mir Sorgen,
um morgen,
zu machen,
denn irgendwo las ich,
als es bereits dunkel wurde,
morgen würde der Mensch den Menschen abschaffen
Aber ich vergieße keine Träne mehr
denn die sind bereits abgeschafft.

Wo nur: sind meine Tränen hin. – Ich sehe, aber erkenne nicht.
Das Blau ist Grau. Das Grün verbrennt. Wo sind nur die Farben, die
ich einst sah? Nur meine Augen sind mir treu. Farben. Im Spiegel
sehe ich mich. Und Farben. Sieh mit mir gemeinsam hin:
Ich sehe dich. Sieh mich:
Ich fahre in den Himmel. So langsam und laut. Mit vielen Ansichten
und als Kuscheltier. Ich bin mir wichtig und kämpfe. Ich spüre den
Tod. Diese andere Art von Schlaf. Dieses Gefühl im Herzen. Ich sehe
mich im Spiegel anders. Meine Augen haben wirklich eine
unglaubliche Sehnsucht. Ich verderbe zwischendurch bereits. Und
bin ein Ritter. Ich bin nur weiterhin …

Und sieh noch einmal hin! Mein Freund!
Wir werden niemals ein Einziges sein. Niemals ein Körper, Geist und was auch immer. Es fehlt uns für die Ewigkeit. Ein elementares Teil. Ein Gedanke. Den haben wir. Und dennoch werden wir ihn niemals aus unseren Gedanken in diese Welt bringen. Weil es zu wertvoll und geschützt ist. Zum Glück. Weil es der Hintergrund aller wertvollen Gedanken ist. Wohl der Heilige Gral. Ein unglaublicher Kelch. Es ist unglaublich, wenn ich bei einem Gewitter in den Himmel blicke. Ich stehe dort draußen. Und es ist unglaublich.

Nach dieser Warnung sieh mich an, du kleines Tier. Ich wünschte, es wäre mehr mit dir. Doch verleibt bleibe ich meiner Seele und meinem Schmerz. Der mich täglich tatsächlich neu umgibt. Immer wieder woanders, immer wieder andersartig und abartig und neu. Ich danke für diese Konstanz und meinen ehernen Willen, für Gottes steten Blick auf seinen kleinen Sohn und für sein leibliches Wohl. Von oben bis unten. Ich danke, dass ich so sehr Mensch sein kann. Und dass ich doch so reine Seelen um mich habe.

Nicht immer wäre der Dank so ausgefallen. Und nicht immer sind diese Tränen so leicht.

Wenn sie aus Wolken regnen, die Herzen so gleich. Aus Honig sind, der so viele so glückliche Gesellen, so lange Zeit untriebig hielt.

Nur haben wir niemals gemeinsam geweint. Wir waren schon traurig, aber niemals aeternum. Oft gestritten, niemals extra noctem. Wir konnten dort liegen, jede Nacht, es war desiderium et requiem.

Liebe gesucht, Verbundenheit gefunden. In die Nacht geschaut, alleine, den Tag gesehen, zu viele davon. Das Herz gehört, es hatte nichts zu sagen. Nur die Seele: eine kleine Blume wird dir nah sein, vor allem wenn sie nicht blüht. Und dann kann sie wachsen und du bist ein glücklicher Wanderer. War es graugrün und apokalyptisch, so stieß sie dich in den Schneid, zu sehen die weissgoldpure Sonne. Wie verrückt, so sehr. Wie unglaublich. Plus tibi dedi quam vitam meam. Dedi tibi animam meam.

Aber es gab niemals Tränen. Und wir waren wieder, wie zuvor, allein.

LIV

Half year seasons

Running wild in circles
raising the hands for praying t´you
in my eyes the dummy twinkles
let the last half of the year through:

Sitting in my park of a cloister
thousand funny things came true:
spring for me was like an oyster
and its charming pearl was you.

Summer confessed me to conscience
dangling clouds were in the sky
the love for you was a consequence
but espied by an envious spy.

Autumn and its shreds of dawn
leaves fell down like purple rain
in my face a little yawn
and you made me drive insane.

Full of winter was my heart
supported by the heavy flakes of snow
when we both are still apart
waiting for you in the rear of the row.

Past are all these half year seasons
hoping that they still start anew
I will tell you a hundred reasons
ninty-nine of them are you.

Endlich wahre Liebe und ein erfülltes Herz – so wie ich bin, bin ich unfassbar, aber leider nicht unsterblich. So wie ich bin, bin ich unglaublich, aber leider nicht Gott. Zum Glück. Ich leide. So sehr. An mir. An euch.

Sieh mir in die Augen und sage mir, wann du heimkommst. Flüster mir in mein Ohr, wann du wieder bei mir bist. Plane mit mir einen Zeitpunkt, zum Streicheln und mehr. Wann immer du auch nur kurz da bist soll wieder Hochzeit sein.

Zusammen nur stehen wir zur Wahrheit.

Sieh mir zu, wie ich mich häute,

sieh hin, wie ich dieser Realität beitrete.

Sieh hin, wie ich gehe.

…

Ich sende dir... ob es ein Bewusstsein ist …

… dieses Signal …

… und Liebe …

So ein unguter Schlaf wartet auf mich und greift stets nach dir.

Und immer, wenn du schläfst, bist zum Glück du so sehr bei mir.

LV

Zum Valentinstag

Hey – heute, heute ist doch Valentinstag
ich will dir schnell sagen: wie sehr ich dich mag.
Hier steh ich, so müde, bis über beide Ohren verliebt
ich will dir schnell sagen: bin froh, dass dir gibt.
Die Blumen, die paar, du musst sie verstehn
ich will dir schnell sagen: du darfst nicht gehn.

Dann sei du mir meine Schneekönigin
verzeih mir die Fehler, die jeh ich beging
Auch oben sind zwei
doch lies dran vorbei
obs „dich" oder „dir"
das zählt doch nicht hier
ist alles nur Pflicht, Drill oder Zier
entscheidend ist doch: Ich liebe nur dir!

Wie ein kleines Kind – Eine Reise ist immer ein Beginn. Wir wissen nur nicht genau: wohin. Geboren bin ich hinein, wohin auch immer. Und nun: ich blicke dahin zurück. Ich sehe mich klein und ich bin so verwundbar, niemand kennt diesen Begriff, ich war so sehr allein, immer, freute mich auf meinen Geburtstag im Kindergarten, auf eine kleine Anerkennung, auf diese kleinen Geschenke, auf eine ehrliche Geste, nicht auf das Hand-Geben-Müssen an meine Gebährer, auf das Umarmen meiner Freunde. Suchte stets hier und da nach Nähe, die ich so sehr wünschte. Ich wünsche mir – bis heute – dass mich wirklich zwei echte Arme aus meinen Cäsarien greifen und auf einen Cumulus legen. Mit mir zusammen einen vollen Mond sehen und lachen und dann in die Sterne gucken. Denn dort wäre ich so gerne. Dort draussen und dort wäre ich so sehr ein Kind gewesen. Mutter und Vater, ich bin immer noch da. Ihr auch. Und ich halte dies fest für immer. Ich halte euch. So wie ihr mich niemals gehalten habt. Ich halte euch. Es ist ehrlich und es ist Liebe, wenn es eine Seite so sehr ehrlich meint. Und sich offenbart.

All das habe ich immer. Euch gehorcht. Mich stets offenbart. Mich erklärt und mich dem Status geopfert, mich hingegeben der allgemeinen Befindlichkeit. Das waren Zeiten. Da war mein Herz nicht immer vorne mit dabei. Oder meine Seele. Ich war so sehr oft ohne meine Eltern, ohne eine Familie, ohne Halt. So dass ich mich verlor. Nie habt ihr nach mir geschaut, wo ich stehe, was ich bin, was ich kann. Ich war wirklich alleine. So oft. Nicht immer, das wäre ungerecht, zu sagen.

Ich bin immer noch euer Kind. Euer Sohn. Ich liebe euch. Für immer. Und es ist schön, euch in meiner Seele zu haben. Dort bleiben wir für immer und eins.

Oh mein Gott, Geister, ich war ein kleines Kind. Warum musste ich alleine sein und mich so schlecht fühlen? Warum war niemand für mich da?

Ich bin so sehr dankbar und klage euch auch so sehr an.

So viele herzliche Grüße:
euer Sohn,
euer Wieauchimmer
euer kleiner Sohn.

LVI

Sacred

Iced earth – snowflakes are falling
on a pavement – in a distant galaxy
red head – never being boring
in your life and your fantasy

Low down – pull the trigger of the bullet
and all my bones in the gutter crash
fly high – I´m not the one who can stop it
but in hands I hold the royal flash
but my advice forever is:

Collect them all these frosted crystals
and hide them in a white balloon
my illness is my bitterness
but still the balloon is wide upon
flattering with the ice cats in the wind
hasten to a new frosty twilight zone.

Für die beiden besten Menschenkinder und meine Gladiatoren
– Meine Frau hat wieder unser Bett gemacht. Alle Decken sind
frisch gewaschen und riechen so wundervoll. Die Kissen sind neu
bezogen und haben ihren Platz gefunden. Schon sind es davon mehr
als normal. Zum Glück teilt sie diesen notwendigen Spleen. Und
achtet auf all dies. Auf die notwendige Menge an Feuilletons, an
genau festgelegte Winkel der Decken und Kissen und vor allem der
Rollen zum Schlummern, deren Existenz unverständlicherweise
mehr als Dreiviertel der Menschheit gar nicht kennt.

Weiss der Teufel, wie sie es schafft, dass alles immer so weich ist. Werde sie aber im nächsten Albtraum nicht danach fragen, damit ich erste einmal kein Interesse auf den Tod errege. Auch wenn er kuschelig sein sollte.

Liegend darin, ich lächele stets, sind es diese Blumen und die Vertrautheit, die ich rieche. Unfassbare Weichheit, rasengrün, oder besser noch eine Wolke, oder ein Fell, eine Haut, ein Gefieder, Haare, Schmuck, all der liebenswerten Wesen hier und dort.

Ihr bleibt meine Gladiatoren, mit Speer und Stab. Unglaubliche Menschenkinder, die ich für immer so sehr mag. Wir sehen uns wieder. In diesem unglaublichen Bett.

Erinnere ich mich. Und meine Frau. Ich liebe, dass sich hier der Kreis schließt. Ich werde immer von euch berichten. So viele unglaubliche Geschichten. Ich werde immer mit euch ein Herz sein. Wir werden immer gemeinsam diesen gebackenen Kuchen genießen, der am Sonntag bei euch auf dem Tisch stand. Eurer Einladung folgen. Zu Gast sein. Und so sehr herzlich gedrückt.

Nun ja, wir waren Jungs. Und zum Glück, gab es alles, was sich Jungs wünschen konnten.

Ihr Lieben, heute erfreut mich eure Ernte. Heute erfreut mich euer Apfelbaum. Und morgen denke ich wieder an das Glück meiner Kindheit, euch gehabt zu haben. Und so viel Unglaubliches im Herzen tragen zu können.

Es muss so sehr besonders gewesen sein. Wie sonst könnte ich denn heute diese Vergangenheit noch immer spüren, sehen, riechen und schmecken? Noch immer, so sehr über so vieles lachen und weinen?

Irgendwie habe ich Gewissheit, dass ihr beiden all dies hier teilen könnt. Dass ihr bei mir seid.

In mir bewahre ich euren Wohlmut und euer Schwert. Wir treffen uns immer wieder. Beim Fall jeder einzelnen Schneeflocke in jeder einzelnen Welt.

LVII

Storm

Guter Mond, du gehst so stille,
warst erschreckt vom Tageslicht?
Guter Gott, wo ist dein Wille,
zählt der etwa heute nicht?
Mond und Gott, es ist vorbei
die Zeit ist reif für Heuchelei.
Doch seh ich mich am Ufer sitzen
das Kruzifix in rechter Hand
rund um mich nur Waffen blitzen
allein – ein Clown – im Todgewand.

Armer Mond, ohn jeglich Farb
purpur leucht auf Söldners Schwert!
Armer Gott, du liegst im Grab
gekippt der Kelch, du bist entehrt!
Mond und Gott, wer braucht euch schon
ein jeglicher will jetzt seinen Lohn.
Doch hört laut „Hurra" mich schrein
betrachtet diese Szenerie
mein Gelächter geht durch Mark und Bein
ich töte euch durch Ironie!

Der Mond, gen Abend verdunkelt sich
und Gott verbirgt sein Angesicht
blickt ins Herz und nicht auf mich
der Tod ist da und hält Gericht.
Der Vorhang hebt sich zum Ballett
mit eurem Leben spielt Roulette:
und endlich – zusammen mit den Betrogenen rufe ich:
Gewinnen könnt ihr leider nicht!
Ganz laut, zun Schluß, da lachen wir
doch ihr seid leider nicht mehr hier
und dann ist es still ...

Clownsmond – Ich will diese Blume stehlen. Ihr den Hals zum rechten Fleck … verdrehen. Ich will dieses Feuer lenken. In diesen einsamen Christusstall. Was für ein Mond. Sie, wie blass, schön, frierend.

So sehr lange waren wir. Und nun enttäuschtest du mich. Und unglaublich, dass du dann noch etwas erwartet hast. Wie ein geiler Bock, dennoch. Wie ein kleines Kind, niemals. Zum Frieden habe nur ich es gebracht. Du siehst noch immer meine Geister. Für immer. Und ich treibe sie an. Nur noch ein wenig. Aber an deinen Enden, deinen Nerven, da wo es so juckt. Ich liebe es, wenn mein Gesicht nur auftaucht, wenn es gebraucht wird. Ich liebe es, wenn ich gehasst werde, weil der beste Fehler zum falschen Zeitpunkt war. Ich liebe es, eine Krücke zu sein, zum falschen Zeitpunkt, weil es wohl nur dennoch. so geschah. Ich bin deine Nessel, dein faules Pergament, dein kleines Tagebuch. Du schaust und du riechst sogar. Für immer mich. Ich bin in jeder Faser, in allen Eingeweiden, hinter deinen Augen, deinem Mund, in jeder Idee.

Und ich bin in deinem Allerheiligsten: deinem Herzen. Ich tobe dort, weil du mich nicht ausstehen kannst. Ich bin in deinem Bett. Ich tobe dort, weil dich diese Einsamkeit zerstört. Ich bin in deinem Alltag. Weil nur ich je wusste, was gut für mich ist.

Und nun mein Mond! Küsse ich dich.

Ich wünschte, ich hätte einen Engel.

So ein verdammtes Gottgeschenk, zu mir auf Seiten zu Erden, ein Baumwollgefühl, gefällt mir, laut zu sein und wie immer, bin ich ein Engel. Liebe mich oder töte mich. Vergase meine Eingeweide. Verbrühe meine Augen und koche mein verdammtes Herz in deinem Abardsud. In deiner Mördergrube.

Und dennoch … Ich hatte diesen dünnen Draht. Und mal auch mehr. War bereit. Und kämpfte hier und dort. In diesen wundervollen Armen. Und küsste dieses wunderbare Gesicht und mehr. Und nun … sind wir verlassene Seelen. Zweifelsohne. Und wir denken für immer daran. Sicher. Jetzt gerade tust du es.

Du schaust heraus, wie immer. Ein Glas trennt deine Sehnsucht von Diesem, das es wäre. Du bist lieber trotzig und gibst dich hin. Zu klein, du Ding.

Immerhin habe ich immer wieder panta rhei und panta chorei erlebt. Und daraus gelernt. Du nicht.

Ich bin die Sonne.

Du der arme Mond, ohn jeglich Farb.

LVIII

Du bist (die Wolke)

Du bist meine Wolke
meine Ruhe Tag und Nacht
entwaffnest mich tagtäglich
hast mich um den Verstand gebracht.

Denn du bist meine Sehnsucht
der Mensch, den ich zum Leben brauch
vergibst mir immer wieder
bist ganz tief in meinem Bauch.

Denn nur du bist meine Chance
die ich nicht verspielen darf
zeigst mir wo es langgeht
machst den bösen Löwen brav.

Sei mir immer meine Wolke
auf der zur Ruhe ich mich leg
sei in mir meine Sehnsucht
die ich ganz tief dainnen heg
bleib mir immer meine Sonne
die das Unwetter vertreibt;
ich bin dir dann der Vogel
der auch im Winter bei dir bleibt.

Regenwolke

Mein Herz ist schwer, immer so sehr,
ich bin nicht eins mit meinen Gedanken.
Hades ist hier,
weist es in seine Schranken.

Ihr schaut aus euren Fenstern. Das mache ich nicht. Ich warte bereits lange draußen auf den Wolkenbruch. Und will am liebsten nie wieder hinein.

Ich blicke in den grauer werdenden Himmel, versuche bereits, den Donner zu vernehmen. Halte Ausschau nach einem Blitz.

Wie sehr ich nun in mich blicke. Ich höre diese seltene Musik. Vertraut und dennoch bedrohlich. Nehme den beginnenden Regen kaum noch wahr.

Es muss laut sein und es ist es. Nun beginnt es. Es ist immer erst eine Störung. Ich stoße wo auch immer an, oder ich sehe kurz ganz seltsame Sachen, die mich fürchten lassen. Habe Verlangen nach Salat. Was ist das? Ich wünsche mir gerade wieder etwas Spitzkohl mit Tomaten und Dressing. Solch irdische Dinge.

Und ich habe einen Kontakt.

Zu euch.

Mein Vater.

Ich warte auf dich, mein Vater. Bitte umarme mich dann mal. Du bist wie ich. Du Bastard. Wir sehen uns. Ich freue mich auf dich.

Ich vergrabe mich im Sand. Vor dir. Und vor allem. Vor dem, was du mir vorgabst. Zu sein. Und schaffen zu können. Vor Religion, schließlich wusste ich es besser. Vor Familie, das hast du unglaublich geschafft. Mit meiner Mutter, ich war behütet, niemals geborgen. Mutter, du bist ein Engel, ich küsse deine Stirn, weil ich geborgen war, aber nicht geliebt. Weil ich wieder einer mehr war, kein Mädchen. Das habe ich verstanden. Und nun stelle dir vor, dass genau dies auch ein kleines Kind, ich, verstanden habe.

Ich vergrabe mich im Sand. Mein Gesicht oben. Ich habe euch. In Erinnerung. Wieso nur das?

Ich blicke traurig. Was für eine wundervolle Frau. Zum Glück. Jetzt habe ich Halt. Was für eine wundervolle Frau. Für immer. Halte mich, meine Iphianassa.

Du bist die Wolke, die den Regen sendet, mich zu befreien. Ich kann den Himmel spüren im Wasser, das mich trifft. Das mich neu belebt. Das den Sand hinfort spült. Und ich kann den Regenbogen sehen zwischen meinen Lidern, die sich langsam öffnen.

149

LIX

Mit dir (will ich ...)

Den Tag will ich beginnen – mitten in der Nacht
mit einer lauten, Wahnsinns-Kissenschlacht
danach energisch dich an mich reißen
und dir dein linkes Ohr abbeißen
im Park uns werfen in ein Blumenbeet
danach mal schauen wie es weitergeht.

Mit dir will ich ...
immer mehr
von dir will ich ...
doch so sehr

Ich schenke unsern Eltern ein Ticket bis zum Mars
und wir machen hier unsern Irrsinns-Spaß:
Erst lösen wir mein Daddys Schecks gegen Bargeld ein
dann hacken wir unser neues Wohnzimmer klein
den Hamster meiner Schwester den lassen wir frei
und wenn sie dann zurückkommt, dann hat sie davon zwei.

Mit dir will ich ...
immer mehr
von dir will ich ...
doch so sehr

Die Musik, die wir hören, die ist unendlich laut
kein Wunder – wenn man mit der Box den Takt dazu haut
Weihnacht und Ostern, das fällt auf einen Tag
deshalb esse ich tausend Tonnen Erdbeerquark
wir laden alle unsere Freunde ein
und feiern mit ihnen ein Riesen-Ringelrein.

Mit dir will ich ...
immer mehr
von dir will ich ...
doch so sehr

Als letztes miete ich einen Zeppelin
in dem wir beide dann entfliehn

ich leg dir eine Rose in den Schoß
... weil ich dich liebe!

Ich erinnere mich tatsächlich – an euch alle. An alles, was gefühlt und was gesagt wurde. An, was geträumt und was gewagt wurde. An, was im Sommer und an, was im Winter war. An so viele Wolken, die der Wind hinfort trieb, an so manchen Sturm, den wir zu zweit von oben betrachteten. An diese wundervollen Gewitter, die wir so sehr liebten. Regennass und mit dem Blick in diese Farben.

Wunderschöne Zeiten habe ich genossen, wunderbare Gedanken.

Dennoch einmal bin ich besonders traurig, über das Tun meiner Selbst. Weil sie wirklich ein kleiner Engel war. Flügel gefühlt, unfassbar gestaunt, durch die Finger rinnen lassen, den Hauch verinnerlicht, verschmolzen ewiglich. Ich kann nur noch denken und mich an Erinnerungen halten. Wie sehr sie mich mochte. Und wie sehr sie mich an ihr Bett verwies. Diese Jungfrau. Was sie mir zeigte war so unglaublich ungewöhnlich.

Und ich passte. Ich war wirklich traurig, das weiss ich heute ganz
genau.
Und immer gleichzeitig ein Dunkelgrau.
Es war gewaltig, wir schnupften jede Bahn,
es war ein Alptraum in lila Cellophan.
Eine erdachte Symphonie, ein verfaulter Zug des Schachs,
und immerzu bist du hier und lachst.
Nehme dich mit, in Adern und Herz,
bist da, im Alltag und Schmerz,
zertrete unsere Erinnerung und beweihrauche es jeden Tag,
hab nen Bonbon draus gemacht und esse es, wenn ich es mag.
Mal bist es du, mal seid es ihr,
mal sind wir weg, mal sind wir hier.
Mal kommt es in der Nacht, meistens unverhofft am Tag,
immer hat es Zeit, dass es lacht, niemals Zeit, dass es es mich
mag.
Es tritt mich und vergiftet mich immer Tag um Tag,
ich spüre, wie sehr mich mein Gott nicht mag.
Ich bin alleine und höre im Tunnel ein Wimmern,
und mittlerweile ist es mir egal.
Fiese Gedanken,
fieses Tun,
niemals mehr Verrenken,
endlich Ruhn.
Alle Fledermäuse, aufgescheucht, sind unterwegs. Es sind so
unglaublich viele. Unterwegs zu euch. Ihr seht sie. Heute oder
morgen. Auf dem Sims oder im Baum vor dem Haus.
Ihr hört sie nur kurz oder ihr seht sie.
In dieser Nacht habt ihr einen Traum.
Genauso wie ich mich erinnere.

LX

Ganz was Liebes (nur für dich)

Sowenig hatten wir uns noch nie zu sagen
und doch weiß ich jetzt mehr über dich
sowenig traute ich mich noch nie zu fragen
und so schwer war es noch nie für mich.

Ich will nicht, dass du alleine kämpfst,
solang ich nicht den Grund kenn
denn erst dann kann ich sagen,
ich hab mein Möglichstes getan!

Dein Gesicht verrät so vieles,
drum schau ich ganz genau
in deine großen Augen
verbergen kannst dus kaum!

Ich träume immer nur den gleichen Traum
ich flüster in dein Ohr
wahr Worte – man hört sie kaum –
und den Rest stell ich mir vor!

Was Liebes kann eine Liebe sein – oder werden. Oder auch nicht. Während ich in dein Ohr flüstere, sehe und spüre ich die Welt hinter deinem Rücken, die uns belauscht.

Ein Engel der Verführung schwebt stets hinter dir,
gebreitete Flügel,
du gehörst mir.
　Blutschwarze Schatten, ein zerstörtes Gesicht,
verwelkende Körper,
das ewige Gericht.
　Sie sind da, die uns zusehen was wir tun,
hören ganz leise,
analysieren unser Ruhn.
　Gestalten, huschen hin und huschen her,
wir lieben uns und dieses Hier,
als ob es unser Eigen wär.
　Brutale Schmerzen, je immer mehr,
wachsen mit jedem menschgemachten Tag,
und lähmen das Herz so sehr.
　Nachts Vampire, die nach mir fassen,
und lassen keine Ruh,
sie sehen mir beim Schlafen zu.
　Sie sind hier und fressen,
mich von innen heraus auf.
　Setzen sich auf meine Lungen drauf.

Siehst du mich sterben,
dann singe für mich ein Lied, meine Frau,
hörst du meinen letzten Atemzug,
　dann nimm meine Hand.

Ich　sehe dich wieder...
　höre genau hin, meine kleine Taube.
Ich warte auf dich. Ich bin hier.

LXI

Nur für mich – und niemand hört hin

Wenig. Ganz wenig ist hier. An Gedanken und Glauben.
Umso mehr Schatten.
Nur noch ganz wenige Tauben.
Aber umso mehr Ratten.
Ich bin traurig und sitze hier. Inmitten.
Und höre Glocken, so süßes Geläut.
Wollte soviel sagen zu diese Leut,
konnte es nicht.
Ich starb. Immer ein wenig mehr.
Und lauschte diesen himmlischen Glocken.
Tatsächlich immer noch.

Wenn wir dahingleiten – wenn diese seltsame, ungute
Müdigkeit in all unsere Fasern schleicht. Wenn der Körper verloren
geht und Kälte und Wärme zugleich die Nerven übernimmt. Wenn
der Blick sich verengt. Wenn dieses unglaubliche Licht unser Leben
noch einmal sehen und hören und fühlen lässt.
   Eine Begegnung seit einiger Zeit. Wir stemmen uns. Doch wir
fühlen dies immer mehr. Noch bieten wir dieser Legion die Stirn.
Manchmal Auge in Auge. Manchmal treten wir sie. Und verspotten
sie. Und zeigen Zähne.
   Während sie ruhig danieder liegt. Und wartet. Wie immer. Denn
es passiert. Wie immer. Sie springt uns an und nimmt uns. Mit.
Hinein in dies.

Wie hübsch dieses Kind ist. Stolz. Anerkennung. Endlich kann es laufen. Blaue Augen, blondes Haar. Vater unglaublich, Mutter so warm. Ein großer Bruder, wunderbar. Ihr haltet mich. Es ist alles so neu. Strahlende Augen. Geborgen. Wunderbar.

Mitbekommen, dass ihr erfolgreich wart. Vater so sehr. Mutter, noch einen Bruder, noch eine Schwester. Und dieses Mädchen wolltet ihr so sehr.

Der Große und ich haben uns gestritten. Die Kleine war sofort so unglaublich. Der Mittlere: ich habe immer geschaut, aber nicht verstanden.

Ab dann verreckt. Auf der Suche. Die wenigen Momente. Ich reckte die kleinen Ärmchen, dann meine Hand zum Verständnis, wir mussten: Hallo. Ich erinnere diese Taubheit. So eine heilige Familie. Moja mama bylaby swieta.

Ich ging. Weil ich endlich sollte. Keiner wusste wohin. Ich fuhr los. Nun habe ich nur noch meine lieben Eltern backpack. Aber immerhin dabei. Wenn auch nur hüllenlos und ohne Verständnis. Ich warte nun immer noch auf eine zweite Hand. Die meine Erste umschließt.

Und du hast nichts gehört
sieh mich an
und schlafe ein
mein Blümchen
ich bin für immer dein
und werde vor dir dort sein
und ich gleite dahin …
… umschließe nun auch meine zweite Hand ...

LXII

Poems done well in Liverpool

Rainy days in Liverpool
a paper boy acts like a fool
the clouds sway down in darkest mood
the only light is where you stood.

My stomach staggers strangely strained.
I cannot find my leader-gain
a bell plays me its march of death
I´m feeling like the king in chess.

Move to move and step to step
to hide I cover with my cap
but this is not a hide-and-seek
this is life – life like a creek.

But injustice, I swear, I beg, I bet!
I grasp you on your roots of net!
I swear to you, I`m fighting through
and enemy I´m killing you!

And here I sit with glazed dark eyes
thinking of the thousand lies
the decisive point of keeping through
is the cause of loving you!

So, so sehr unglaublich – kann Liebe sein.
Sieh mich an, tratest in mein Leben,
gabst damit an, dass unsere Körper bebten.
Und du sahst hinaus: vielleicht kann es ein wahres Beben sein.
Dann blutige Versprechen
und ein Dinner in Moll,
unglaublich ich naschte dich. Und sieh zu, wie ich nun über dich
staune. False Star Bolero. Wie ich über dich gleite und es sanft ist
und diese Haut niemals mehr geben kann als dieses zerrückende
Gefühl. Ich zerbeiße dich, mein Engel. Ich halte den Flügel und reiße
diese Stücke an Liebe heraus. Während ich trockenes Fleisch
schmecke, hoffe ich, dass die Schmerzen dich zerreißen. Fahr mit
mir niemals in den Himmel. Ich halte dich fest. Auf dich warten
keine Götter.
Ich zerreiße mich, kein Engel. Sehe einen Flügel, greife danach.
Blut rinnt, wird mehr. Bitte halte mich, Rinnsal. Dieses Klaff blutet
sehr. Ich sauge. Mein Engel.
Und während ich dich in den Armen halte und deine Augen so
sehr sehe und deine Gedanken mithöre, ramme ich dir den Dolch der
abscheulichen Gegenwart in deine Engelsbrust. Damit du blutest wie
eine Dirne und stirbst wie ein Geist. Damit dein Dasein gelöscht
wird von jedem Staubkorn dieser Erde und aus jeglichem Atem
dieser Welt. Inbrunst ist es, die mich sehen lässt, wie dir die Gezeiten
entströmen. Niemals warst du mehr meine Geliebte. Als jetzt über
dem Grab. Niemals mehr war ich erregter. Als jetzt bei deinem
verwesenden Körper. Und diesem entschwindenden Geist. Und der
Gewissheit, dass dich die Erinnerung töten wird.
Du hast diese Träume. Jede verdammte Nacht.
Ein wenig irritiert, aber ziemlich sicher, ist dein Tag und das
Leben, mit wem auch immer. Du riechst immer gut und achtest auf
dich und bald auch auf etwas Kleines. Zäsur: Nein. Dann ist die
Protagonistin bereits verstorben. Du liebst diese Schwangerschaft. Es
wird ein Mädchen. Kleidung und Räumlichkeiten werden
vorbereitet. Eine Tasche gepackt. Falls es schnell gehen muss. Den
Bauch siehst du. Und der Rest ist zärtliche Zukunft und Freude auf
dieses Kind. Du fühlst wie es wächst, du fühlst, wie du immer mehr
Mutter wirst, wie sehr dich das erfreut. Wie sehr du dich darauf
vorbereitest. Wie sehr du deine Liebe gibst.

Und dann schlage ich dir meine Zähne in den Hals.

LXIII

I´m more than just

Teachers tearing all my thoughts to pieces
it´s just a mess they do
in my opinion they´re full of such diseases
´cause they don´t know how to go.

Parents destroying all my points of view
so shocked they are of my decay
they´re a foaming greedy monster crew
but don´t accept another way.

Friends burning all my trusts to ashes
disappointing all my damned beliefs
staring at you.

But this is my soliloquy
against evacuating eternity:
I´m more than just a mocking slave
I´m digging unjustice´s deepest grave
I´m more than just a comic actor
I´m gods bewildered sin collector
I´m more than just this puppet crew
I´m full of devouring love for you!

Sieh mich an – das kannst du nicht!
Weil ich deine Augen habe. Und all dein Licht.

Wir sind vorm Aufschlag,
wir sind bereit.
Wir haben den Auftrag,
wir sind zu zweit.

Du warst das Ziel,
niemals erkannt.
Du wolltest viel,
hast dich verbrannt.

Verdammt bist du endlich,
pures Fleisch.
Abartig verderblich,
jedem Feindsliebchen gleich.

Nun siehst du Freud,
sinnlose Lende.
Hoff, du bist betäubt,
das ist dein Ende.

Ertränkt in Blut,
ohne jeglichen Respekt,
Engel der Wut,
dein Blut geleckt.

Deine Hand greift ins Licht,
doch diese Hand, die hast du nicht.

LXIV

Boy meets girl in paradise

Two little children in a playground, one boy and one girl
the hands held forever, the queen and the earl.
The cross roud his neck shows time
and the boy writes his girl this affectionate rhyme:

The earls full of sounds
both hearts full of love
the mind does a bounce
both dreams have their awe!

Relic like a doe
the boy takes her hand
red roses on ground showing the way
to their gilded dreamtime land.

Arrived there, a smell mists their mind
of daisy and elder, this was the kind
a pigeon flies in the moon-lighted sky
and a shooting star is sent down to the eye.

Me, the boy, embraces you, the girl,
our hands held forever, the queen and the earl.
A fir-cone dances in your spirited hand
whenever I love you to the dreamtime land,
and the dew drips down your hear
whenever I kiss you under the summers air.

The bells of first clouch – und wie ich wirklich ihr kleines Herz brach. Plötzlich fand ich mich wieder, sofort war es wie ein Traum oder so unwirklich sensibel, schön, surreal, wie einer dieser Filme, die so leicht gräulich, weich und romantisch im Material sind, in einer unglaublichen Liebeswelt.

Ein unglaubliches Mädchen. Wie betäubt, ein wahres Märchen. Ich hörte und hörte und sah und sah ihr zu. Ein Lächeln, dieser Wangen Einmaligkeit. In jedem Satz, diese Worte, eine ganz neue Welt. Wie ich sie hörte und an mein Herz ließ und sie spürte. Ja, wirklich, da berührte sie wahrlich meine Seele. Und mein Gemüt.

Ich traf sie im Garten, immerzu. Und ich liebte ihre Führung. Wangen berührten sich sanft. So zerbrechlich und schüchtern. Mein Respekt. Noch mehr und mehr bin ich bei ihr und höre und sehe ich dich. Unglaublichkeit. Ein Orchester in Sinn-Dur. So ein süßes Eis, es schmilzt nicht. Und wenn, dann nur im Herzen. Nachts kann ich nicht schlafen, ich denke an dich. An so eine unglaubliche Offenbarung. So eine Erscheinung. An deine Grübchen. Wenn du lächelst. Was jede Sekunde geschieht. Diese Offenbarung geschieht für immer. Dieses Lächeln, Grübchenlächeln immerzu.

Eingeladen in deine Welt. Dein Zimmer. Joghurtbechertelefon zu deiner besten Freundin. Unglaublich. Honigsüße auf mein Herz. Niemals mehr werde ich dieses vergessen. Wachs an einem Baumwollfaden hat mich fasziniert. Diese Becher und die Stimme am anderen Ende waren so unglaublich. Dazwischen sah ich Kastanienbäume und soviel Grün. Wenn ich jemals in den Himmel komme, dann hoffe ich, dass das der Vorhof ist. Denn so stelle ich ihn mir vor.

Geküsst habe ich diesen Engel. Dann. Niemals mehr so sauber. Niemals mehr so rein. Alle Synapsen versagten im diabolischen Gleichklang. Alle Nervenenden stellten sich auf im Credo eines unglaublichen libidischen Chors.

Diese Welt dachte ich niemals zu Ende. Als sie mir ihr Bett und den Himmel darüber zeigte. Ganz bewusst. Wieder unglaublich. Süß, wie diese Joghurtbecher. Ich blickte auf das Schlafgemach Aphrodites. Auf viele unglaubliche Welten und auf eine Göttin. Auf bewegende Zeiten und zärtliche Hingabe. Auf eine Bindung. Auf so etwas Unglaubliches und Unbegreifliches. Auf eine andere Welt …

… anders als ich sie fühlte.

Ich rückte ab und zeigte ihr den Rücken. Niemals werde ich sagen, warum. Mein kleiner Engel, hebe dir auf, was du hattest.

Ich habe dir mein Herz gegeben. Meine erste Liebe. Ich habe dir alle meine Gedanken geschenkt. Schwimmer. Und Wanderer. Sogar mein Blut und meinen Atem und du weißt es noch. Wunderbarer Junge, noch kein Mann war ich.

162

LXV

A clue for love

I can still remember
I saw you once or twice
sending you lavender
and whispering you´re so nice.

Crying loud at midnight
before the nightmare´s gone
there must be such a fist-fight
before I´ve never done.

Covering with a sheet of flowers
being like a red dead rose
melancholy are all my powers
mighty rainy days are those.

Living on a glitter globe
coffin full of old decay
having round my neck a rope
Mercy – lord, take it away!

Please fly away balloon of love
and portray all the ghosts above:
We´re wandering down this avenue
I´m full of love – and this is true!

Ein so kleiner Ballon ...
Ein kleines Momentum. Fuge d-Moll.
Sebastian!

Sieh mich an. Und sei bei mir. Mein Engel, wenn du jemals
Flügel hättest. Und ein reines Herz.
Sprich zu mir. Und sei laut. Mein Teufel, wenn du einst wieder
Feuer sätest.
Und eine verbrannte Seele.
Fass mein Herz. Und sei mein Leben. Meine Fuge d-Moll.
Und ein obszöner Dirigent.

Ich sehe dich, wie durch Glas. Und verweile.
Mein kleiner Ballon. Hörst du mich auch, Sebastian?

Hör mich an. Und sei bei mir. Mein Teufel, wenn du jemals Feuer
hättest.
Und eine unreine Seele.
Berühre mich. Ganz leise. Meine Seele, wenn du einst wieder
mein Leben nährtest.
Und ein reines Herz.
Fass meine Seele. Und sei mein Tod. Meine Fuge d-Moll.
Und ein obszöner Dirigent.

Ich sehe nun nichts. Und verweile.
Kein Ballon. Wo bist du, Sebastian?

LXVI

9/11

Aufwachen
Den neuen Tag planen
Duschen und so

Arbeit
Die Karriere leben und tun
Überstunden und so

Leben
Den Sport, Kommerz und Klamotten haben
Preisreduzierungen und so

Freizeit
Die Familie, TV und Hobbies sehen
Computer und so

Schlafen
Flauschige Decke, Kissen und Träume
9/11 und Co.

In Summe – ist eine Ameise zu wenig und zu viel. Hier. Und jetzt.
Wenn es immer und jemals einen Spannbreit ganz an der Trennung ist.

Beton am Firmament und über unseren Köpfen. Komisch habe ich den Mond in dieser Nacht verspürt. Und keinen Traum gehabt. Niemals wird mein Herzblut versiegen, für all die armen Seelen. Niemals die Tränen ausgehen, für den Verlust so vieler Menschenherzen.
Gedanken im Kopf und immer ein Traum. Seltsam habe ich den Vollmond in dieser Nacht nicht verspürt. War es denn überhaupt einer? Und dieser Tag. Ich erinnere mich nicht an mein eigenes Tun. Hatte nur den Blick auf Diese.
Wie sehr wir träumen unsere eigene Zukunft, kleine Schritte wunderbar, so ein Ergebnis ist rentabel. Unser schönes Gesicht, wir bleiben im Futter und sexen. Im Turm jetzt und später behütet daheim. Kommst du nicht wieder. Und es war immer nur dieser flüchtige Kuss.

Ein Engel. Hat dich abgeholt.

Gewartet. Und Sprung. Seine Hände waren schon bei dir. Und fingen dich auf.

Und: nun dies... immer wieder: Vergessen.

Ameisen. Selbst dieses leiseste Lebewesen hatte seinen Fußabdruck.

LXVII

Das Meer

Es ist blau
im Sommer so warm
voller Schätze
und kühlt mich ab.

Es bedeutet mir Leben,
aber nur,
weil,
ich ein Fisch bin.

Und es kommt
einfach,
in Wellen,
hochhaushoch.

Tiefes klares Wasser – warum werden wir Staub, wenn wir Wasser waren?

Des Wassers Atem hat uns ans Land gebracht.
Wir krochen nun.
Ich weiß es nicht. Man hat es mir gesagt.
Dass wir das seither tun.

Dann kam das Feuer für unser Mahl.
Fraßen immerzu.
Zuerst präzise. Dann wurde es Labsal.
Häuten jetzt jede verdammte Kuh.

Wir sind ein Volk und eine Rasse,
wenn ihr mitmacht.
Dann zählt hier keine Klasse.
Wenn ihr mitlacht.
Wenn wir zusammen stehn
und zusammen untergehn.

Zu viel Glauben hat uns verdorben.
Auf den Knien zu lang.
Heute psychisch entkommen
wir nur durch einen Strang.

Dieser Harlekin in allen Ecken,
wir sehen uns am Lebensdamm.
Keine Seele wird sich verstecken,
auch dich nicht mein kleines Lamm.

Wir sind ein Land und eine Sage
jetzt sieh mich an und versteh.
Du bist diese absolute Gabe,
für die ich untergeh.

Das Land meiner Väter und unsere Sterne
wurden mir genommen, wurden mir geraubt.
Pfingststimmen sprachen: sehr gerne
das haben wir uns erlaubt.

Nichtgottselig bin ich frei ertrunken
während die Lakaien dem neuen Scharlatan gewunken.

LXVIII

Gute Zukunft

Ich liebe den Tag, wenn es gewittert,
ich schaue in die Nacht, wenn es Sterne regnet,
und stehe allein hier, wenn es vergeht.

Du hast Angst vor dem Regen,
und fliehst vor dem Anblick des Monds,
bist lieber in der Heimat, wenn es vergeht.

Wir nehmen uns einfach den Schirm,
ich erklär dir den Himmel,
wir sind Hand in Hand, wenn es vergeht.

Himmelsenergie – wie für einen Herztraum, was für ein Verlust.

Ich spüre schon diese Sehnsucht, wenn es dunkel wird und die Wolken eine apokalyptische Tiefe suchen, schwer schwanger. Voller Vorfreude blicke ich gebannt in die Lichtsphäre elektrostatischer Entladung in der Ferne. Dieser sanfte Hauch Wind, der sich unwirklich als leichte Kühle über die Hitze legt. Den Körper trifft. Wie ein unbekannter Sinn. Bis tief in die Knochen. Dann wieder nichts. Dann wieder. All diese Intervalle zwingen zu geduldigem Warten und intensivem Fühlen. Jetzt schon ein lauter Donner. Sehr nah. Immer noch die Blitze in der Ferne. Als würde sich das Licht mehr schämen als der Laut. Die Brise flaut auf etwas mehr, kriecht heran und verursacht Gänsehaut. Lässt Laub aufstäuben, im Kreis sich drehen. Dann zerwirbelt es. Wieder der Donner. Jetzt näher. Blitze. Näher schon.

Ich bin hier. Warte. Bereit. Und beobachte voller Sehnsucht.
Fange alles ein.   Für mich ist es immer wieder ein Wunder, dabei
zu sein.
Ganz laut. Ein erstes Mal genau über mir. Entsendet der Himmel den
Donner und es fröstelt. Bis hinein in mein Gehirn. Erinnert mich an
jegliche frühere Begegnung dieser Art. An dieses Gefühl, ein Teil
dieser Natur zu sein. An diesen Geruch, Energie und Erde zu sein.
An dieses gleissende Licht, wohl mehr zu sein. Als wäre ich mehr.
Als wäre ich bedeutend. In all diesen Dimensionen. Fühle mich
klein, während dieser gewaltige Krach anfängt.
Trommelwirbeldonner. Unfassbare Entladung an Licht. Blitze, zu
schnell, sie zu erfassen. Hinterlassen Schlieren Lichts. Und Nachhall
wie ein Löwe, Grummeln im Gehör. Während ich in bereits hart
prasselndem Regen stehe. In einem Flor aus Dampf und warmer
Energie. Umgeben von Getöse und Licht. Umgeben von einem
Geruch an Erde und Endlichkeit. Körperlos, Sein, Energie, die der
Himmel schickt. Sende Dankbarkeit zurück, die ihn nährt. Sich
weiterhin zu entladen und mir ein Schauspiel zu sein. Markanteste
Liebe entlädt sich in gewaltiger Macht. Ein Schauspiel. Und immer
offenbart es eine Sehnsucht mit Blick in die Gefilde.
    Das ist Himmelsenergie.
    Ich stehe immer dort mit dir, Hand in Hand. Wenn es geschieht
und vergeht.
    Es ist wieder fort, so schnell, wie es kam.

Und immer wieder bringen mich Blitz und Donner zurück zu dir.
Erinnern mich an dich.

    Ich stehe immer dort mit dir, Hand in Hand. Wenn es geschieht und
vergeht.
    Es ist wieder fort, so schnell, wie es kam.

LXIX

Ein Blick aus Sand

Wenn Hände spüren Sand,
dann wollen sie mehr. Viel mehr.
Wollen sie nicht bis an den Rand,
bis an den Rand. So sehr?

Wenn Füße spüren Sand,
dann wollen sie gehen. Auf ihm stehn.
Sie suchen stets nach neuem Land,
dort dann den neuen Sand besehn.

Trifft der Sand auf klares Wasser,
kann er darin aufergehn.
Hände und Füße werden nasser,
während sie im feuchten Staube stehn.

Das Leben ist ein feuchter Pfad,
belebt durch kosmische Energie.
Das Leben ist ein schmaler Grat,
verstehen werden wir es nie.

Tiefer Sand – warum werden wir Sand, wenn wir Wasser waren?

Des Wassers Atem hat uns ans Land gebracht.
Wir krochen nun.
Ich weiß es nicht. Man hat es mir gesagt.
Dass wir das seither tun.

Warum sind wir Staub, wenn wir aus dem Wasser kamen?
Wir wollen, dass ihr taucht.
Wir wollen, dass ihr das auch noch glaubt.

Wir können unsere Sonne sehen,
so schön, denn auch sie wird vergehen,
das Wasser, war uns einst gegeben,
wir werden es nicht überleben.

Sieh mir doch in die staubigen Augen,
du elender Amateur.

Ein Geisteskind und ein Regenbogen

Es ist ein Kreis,
es ist neu, was ich tu,
es wird immer mehr, was ich weiss
und der Grund, der bist du.

Es ist ein Beweis,
es zeigt, wer ich bin,
es

Hier schreibst du, dass du etwas passendes gefunden hast, du
bereitest nun ein Zimmer

Du bist ein Geisteskind und ein Regenbogen,
so schön, kreativ und bunt und für immer.

Wir tanzen noch einmal.
Doch längst ist kein Spiegelbild mehr da.

Spiegel – Und blicken voller Lust
                     auf all das, was wir stets gewusst.
Sehen uns zu Tode.

Ich sehe diesen kleinen Buben,
wie er den Ball hält.
Wie er auf sein Knie fällt
und lacht.

Ich höre seine Stimme,
voller Gottvertraun.
Kann auf ihn baun
und glaubt.

Ich rieche seine Lust auf Leben,
kann die Zukunft sehn.
Will immer mit ihm gehn
ihn halten.

Ich sehe dieses große Kind,
wie es beim Ball fällt.
Wie es an sich hält
und wacht.

Ich vernehme eine stumme Stimme,
kein Gotteskind.
Er ist nun Wind
und taub.

Keine Lust mehr auf dies Leben,
wahre Zukunft sehn.
Kann kein Stück mehr gehn
will Nacht.

Drum geh ich nun in aller Ruh
auf den blinden Spiegel zu.
Mit reinem Herzen, das für mich wacht
als hinter mir die Tür zukracht.